Il a été tiré de cet ouvrage

100 exemplaires sur papier
des manufactures impériales du Japon
avec suite sur Chine des planches hors-texte
numérotés de 1 à 100
dont les 3o premiers renferment
un dessin original de Carlos Schwab
1000 exemplaires sur vélin.

RÊVES

O·CARLOS SCHWAB

OLIVE SCHREINER

RÊVES

Traduction de Madame
H. Mirabaud Thorens
Préface de Mademoiselle
Marie Diémer
Illustrations de
Carlos Schwab

PARIS
ERNEST FLAMMARION, ÉDITEUR
26, Rue Racine, 26

PRÉFACE

ETITE fille d'hier, à qui fut dédié ce livre, je vous souhaite de l'avoir lu par un après-midi d'été.

Que ce soit dans une ferme africaine — celle dont l'histoire révélait au monde le nom d'Olive Schreiner — à deux pas du veldt solitaire, devant la brousse embrasée; que ce soit dans quelque jardin de la vieille Angleterre, sur la pelouse rase où s'effeuillent les dernières roses de juillet, où, sous un ciel de pervenche dont le bleu tendre s'atténue, flotte le parfum des verveines, vos doigts, plus lentement, auront tourné les pages lourdes de tout cet intangible que l'auteur vous souhaite d'y voir.

J'imagine que c'est dimanche et que les ombres s'allongent. Le repos dominical, avec la tiédeur du soir, pèse sur la terre alanguie. D'un clocher, par intervalles, l'arpège d'un carillon tinte. Des gens passent, graves, sur la route, au delà de la haie de buis, des gens qui parlent à mi-voix, ainsi qu'au seuil d'une église. Les oiseaux n'osent plus chanter, comme la veille, à plein gosier. La terre même se spiritualise.

PRÉFACE

Peu à peu il vous a semblé, petite fille qui teniez ce livre, que, de ses feuillets entr'ouverts, s'échappaient des figures de rêve. Elles peuplaient votre solitude, pareilles à un essaim d'abeilles, à ces « créatures aux longues jambes, et qui ne font pas de miel ».

Vous les reconnaissiez pour les avoir vues peut-être dans un recueil de gravures, ou pendues à la muraille, prisonnières du verre qu'encadre une baguette de citronnier : visions d'un Burne-Jones, d'un Rosetti, d'un Walter Crane ; femmes silencieuses comme des ombres, passantes d'un monde irréel, dont la grâce même déconcerte, dont le cou flexible ploie comme une tige sous l'averse.

Figures énigmatiques au corps mince d'adolescent, aux cils baissés, aux mains pâles, avec un sourire fragile et des lèvres d'enfant boudeur, ce sont elles qui peuplent ces pages. Les mots écrits les y évoquent avec une précision telle que le souvenir de ces « Rêves » est moins une pensée qu'une image.

Elles seront venues à vous, comme vers une sœur élue. Et si, les écoutant parler, vous êtes demeurée songeuse, la tête inclinée, peut-être aurez-vous vu glisser devant le texte noir l'ombre claire, non d'un nuage, mais de cet oiseau merveilleux que « le Chasseur » du conte appelle Vérité, et qui a pour nom Idéal.

Cet oiseau, ceux de votre race, éperdument, l'ont cherché. C'est même une chose étrange. Les moins susceptibles en apparence d'entendre son appel, de goûter sa beauté, lui gardent au fond du cœur une place, la plus secrète.

Matelots en jaquette bleue, pionniers des libres espaces — depuis les glaces de l'Alaska jusqu'aux îles des mers antarctiques — marchands et clercs de la Cité, travailleurs du « Black Country », chercheurs et manieurs d'or, entre les murailles de briques, devant le bureau des « offices », dans les couloirs étroits des mines, les ruches bruissantes des usines, aussi bien que sur l'Océan, parmi les forêts des tropiques, les cottages fleuris du Surrey, ils l'ont écouté chanter, l'oiseau bleu, couleur de ciel, oubliant pour un moment — l'un de ces moments tarifés sur la balance universelle — et les réalités tangibles, et la lutte pour la vie, et le cours du « Stock Exchange ».

Chose étrange, ai-je dit, non pas. Si l'Anglais nous en impose par sa culture musculaire, une certaine gravité digne, qui parfois touche à l'humour, sa ténacité, le sens pratique que nous lui attribuons peut-être un peu bien généreusement, et cette confiance en soi-même, qui est sa véritable force, grand comme peuple, individuellement — je le prends dans la moyenne — il est et demeure enfant. Et, comme les enfants, avec la notion précise des choses, avec l'esprit d'observation, il a le goût du merveilleux.

Notre clair esprit latin, tout de raison, de mesure, a peine à concevoir ses rêves et se perd dans ses chimères.

L'Angleterre accuse nos poètes de manquer de lyrisme, d'ailes. Les siens se font visionnaires et planent dans l'irréel.

Ils sont semblables à ces jeunes hommes qui jadis, au Pays de Galles, s'en allaient dormir dans la grotte du barde Taliésin : sommeil redoutable, où sombrait le souvenir, mais d'où l'on s'éveillait avec le don sacré d'inspiration.

Issue d'un double atavisme, et infiniment complexe, l'âme anglaise souvent nous échappe. On l'a vue âpre à la conquête des biens de la terre et du ciel, opportuniste et scrupuleuse tout ensemble, ce qui maintes fois l'a fait taxer d'hypocrisie; respectueuse des lois consenties; d'un formalisme étroit, qui s'allie étrangement à son culte d'indépendance ; traditionnaliste et aventureuse : l'Anglais, en un mot, qui emporte au travers du monde sa pipe courte, ses convictions inébranlables, sa Bible et son loyalisme; celui qu'a glorifié Kipling, marchand, missionnaire et soldat.

On connaît moins, sous ces dehors que défend une raideur voulue, faite de la crainte de se livrer, d'une sorte de pudeur d'âme, le coin de sentimentalité, la fleur fragile, éclose à l'ombre, cultivée en serre chaude, loin des regards indiscrets, d'autant plus aimée qu'il la faut protéger contre les bourrasques des nécessités brutales, le brouillard pesant du spleen, la sécheresse du cœur même.

L'Angais, Saxon d'allure et de tempérament, de par ses origines celtes, demeure accessible au rêve.

Son parler court, positif, le goût des exercices physiques, l'estime pour la force qui s'affirme, devraient plus que tout autre le rattacher à la terre dans sa réalité concrète.

Par l'un de ces brusques contrastes qui sont le rythme d'un peuple fermé au sens de la mesure, il y échappe au contraire. Avec le même sérieux, la même audace raisonnée qu'il apporte à ses entreprises, à sa dévotion, à ses jeux, il se jette dans l'irréel.

Chaque Anglais porte ainsi en lui un paradis anticipé, né du besoin de s'arracher à son climat médiocre, à sa tâche — labeur intensif et réactions violentes — à tout un côté de lui-même.

Le même sentiment qui lui fait oublier dans la douceur du « home » la laideur des rues suburbaines, fleurir ses fenêtres de roses, sous le ciel qui pleut de la suie, jeter en défi à la vie et la rouge folie du gin et les fictions des esthètes — tendance innée au chimérique, à l'artificiel peut-être — lui fait chercher dans ses livres, dans son art, non pas le reflet précis et vrai de la réalité, mais la vision embellie de quelque monde imaginaire.

Le peintre, selon Ruskin, créateur de surnaturel, de ces figures mi-femmes, mi-anges, si fluides qu'on les dirait formées des brouillards légers du matin, tout comme le petit commerçant, qui, dans son fauteuil de cuir, ou dans son étroit jardin, lit, d'un intérêt soutenu, ce roman de cinq cents pages, au dénouement heureux toujours, à un degré différent poursuivent le même idéal; mirage indéracinable, qui tient au cœur de la race, tout aussi vivace en elle que son séculaire orgueil.

Le peuple éminemment positif, si fortement attaché à la valeur marchande des choses, est aussi le plus ardemment spiritualiste qui soit. De là, dans son expression, le double courant qui crée un Thackeray, un Hoggarth, un Browning, un Burne-Jones.

Entre ces deux pôles de son génie national, le public moyen hésite peu. Ses préférences vont au rêveur, au visionnaire qui l'entraîne au royaume de féerie, vers ces images qui flattent sa crédulité puérile. Car l'Anglais, rompu aux affaires, habile politicien, intellectuellement reste jeune.

Son attitude en face de ceux qui ouvrent les portes d'or de l'art et de la pensée est, non du censeur sévère, du moraliste ou du blasé, mais de l'enfant qui s'attend à entendre une belle histoire.

C'est dire sa prédilection, en peinture pour le tableau de genre, en littérature pour le roman et le conte [1].

Le peuple qui craint le plus l'hyperbole et le mensonge — au sens littéral du mot — redoute la réalité, ou mieux limite son domaine : à elle, les choses sérieuses, l'action, la vie quotidienne. Ailleurs, que tout soit fantaisie.

L'analyse, la minutie, la précision dans les détails d'un Dickens, d'un George Eliot, n'excluent pas chez eux le lyrisme. Tel portrait de Reynolds s'enlève sur un ciel d'apocalypse, ciel de ballade, où les nuages « dorment dans les bras du vent » (Shelley). Et leurs noms, si grands qu'ils soient, ne sont pas les plus représentatifs de la mentalité anglaise, ni les plus aimés peut-être.

Ceux que l'Anglo-Saxon préfère à tout autre, sont ses poètes; or ceux-ci, loin des réalités tangibles, bercés au rythme des flots sur lesquels chantent les morganes — ces froides sœurs des sirènes — au murmure du vent d'ouest sur la bruyère et les chênes, évoquent le monde idéal, le paysage romantique des légendes et des chimères.

---

[1] *Les Rêves*, d'Olive Schreiner, ont dépassé le chiffre de 38 000 exemplaires.

Ossian, le barde Merlin, d'existence problématique, n'en demeurent pas moins les maîtres, les inspirateurs apocryphes d'une pléiade de rêveurs qui chantent, non sur le luth, mais sur la harpe celte, et qui cherchent dans leur art, non l'expression littérale, raisonnée, mais le symbole.

Le symbolisme littéraire est une création spontanée de cette molle terre d'Angleterre, pays d'images imprécises, de brume, de lumière voilée, où le soleil se tamise comme au prisme d'une fontaine; pays de songe et de hantise, où la nature se dilue dans l'atmosphère mouillée.

Le Rêve, en toute saison, y fleurit, tel l'ajonc dont les ailes d'or étoilent le lacis vert des chemins, à tous les mois de l'année. Il est né, voici bien longtemps, aux lèvres ridées des aïeules. Les bardes en robes bleues, aux tables des lairds l'ont chanté. De là sa double tradition, populaire et chevaleresque. Le royaume d'élection du lyrisme britannique, n'est-il pas cette île d'Avalon, paradis perdu de la mer, où saint Brangan entendit chanter des chœurs invisibles, où les trois sœurs immortelles pleurèrent la « mort d'Arthur »; où la tempête dénoue le destin de Prospéro.

En dépit des noms italiens, de l'affabulation antique, l'île d'Ariel est l'île d'Occident, la terre des morts et des esprits. C'est la clairière mystérieuse où se déroule en un sourire le *Songe d'une nuit d'été*; et la forêt des Ardennes, est celle de Brocéliande.

C'est d'elle, aussi bien que d'Irlande, que Spenser a rapporté jadis sa *Reine des Fées*. L'évocation d'un Tennyson l'arrache au linceul des vagues où, un soir, elle avait sombré : ainsi jaillit hors des flots l'épée d'or, Excalibur.

Superstitions du folk-lore, idéal de chevalerie, telle est la trame du symbolisme dans la littérature anglaise.

Étrange floraison, un peu grêle, semblable à des lis de vitrail, ou à ces pensives ancolies, à ces scabieuses qui s'entrelacent aux bordures des tapisseries.

Les barbares blonds du Nord, de sang lourd, d'instinct brutal, tueurs d'hommes et pilleurs d'épaves, ont l'âme couleur de leurs yeux : il s'y reflète un coin de ciel.

Le Christ les conquit sans peine. N'apportait-il pas ce qui constitue l'essence même de cette race : la lutte et l'idéal?

Les bardes se firent solitaires; les héros devinrent des saints, des saints tout imprégnés de grâce, de cette douceur celte qui transparaît, malgré tout, sous le conquérant germain; saints bien un peu hétérodoxes, qui font se mouvoir les rochers, les lourds monolithes des landes; que servent les esprits de l'air.

c

PRÉFACE

Ce n'est pas le christianisme prêché par les moines errants, mais la réforme du seizième siècle qui modifia profondément le cœur secret de l'Angleterre. Un livre y suffit : la Bible. Les doux songeurs du Nord s'arrêtèrent éblouis devant les rouges visions d'apocalypse, de prophéties. Le vent chaud, venu de Judée, dessécha les prairies, pâquerettes et primevères.

Et ce fut un mirage encore, farouche, sous un ciel d'éclairs. Ce fut également un schisme. Les deux pôles qui constituent le caractère intégral de la race, s'opposant, se heurtant l'un l'autre : lutte éternelle qui divise tout homme contre lui-même, la volonté contre l'instinct, la matière contre l'esprit, la raison contre le rêve.

Ce fut le côté positif et précis qui s'imposa par le dogme puritain. Alliée au génie latin fait de clarté, de mesure, la raison assagit, modère.

Dans ces âmes toutes d'impressions, encore en pleine croissance, venue trop vite, elle mutile, A l'âge où l'on croit aux contes, la loi revêche du devoir remplaça la foi vivante. L'imagination, soumise à la stricte morale, eut vite fait de perdre ses ailes. D'essence libre, elle s'atrophia, tomba aux nomenclatures, à l'aridité des formules. Dépouillée de ce qui faisait sa fantaisie et son charme, elle prit des vêtements d'emprunt. La fée se sent mal à l'aise sous le masque de la Sybille, et la verge de Moïse est trop lourde pour sa main.

Le symbole meurt ou se transforme; il se fait allégorie, fiction froide, qui n'émeut pas. Il faut la puissance de Milton, l'audace de son génie, pour créer un Lucifer et donner la nostalgie de son Paradis Perdu.

Mais ailleurs, que de sécheresse! Le Pèlerin de Bunyan, malgré sa bonne volonté, ses efforts, ne nous touche point. La vraie poésie se terre aux toits moussus des cottages; redevenue populaire, elle n'ose parler qu'à mi-voix. C'est la muse des Cakistes.

Le faix d'un joug religieux — et moins religieux que moral — courbe l'imagination même. Car la liberté, quoi qu'on dise, est inconnue en Angleterre. Elle n'existe qu'à l'état de dogme. Nulle part l'instinct d'obéissance, de soumission, n'est plus fort. Soumission consciente, je veux bien, et librement consentie, mais d'autant plus lourde, car elle pèse sur tout l'être, asservit jusqu'à l'esprit.

Loi rigide, partant équitable, laissant à chacun, dans sa sphère, l'indépendance illusoire dont l'individualisme anglais, trop aisément, s'enorgueillit; mais qui se dresse infranchissable, sitôt qu'on s'avise de toucher aux totems sacrés du pays. Force qui fait un grand peuple, mais non de grandes âmes, car ceux-là qui la dépassent, ou subiront sa contrainte, ou useront leurs forces dans la lutte stérile. Ils seront les révoltés qui drapent leur solitude dans le manteau de Childe Harold.

Les autres s'enliseront au vallon élégiaque. Leur harpe brisée n'aura plus que la corde d'argent.

Légendaire, puis allégorique, telle fut la poétique anglaise ; et l'allégorie, un temps, a été sa sauvegarde. De ses mains froides, elle recueillit ce qui subsistait encore de la libre fantaisie. N'osant transgresser le dogme, les poètes se firent de ses dévots ; prudemment, dans leur éthique, cependant si rigide, ils introduisirent l'élément féerique, la légende modifiée. Ainsi, sur les vieux parchemins, frottés à la pierre ponce, au travers du texte sacré, le vers profane transparaît.

Mais, obligée de se plier aux exigences d'une censure, la Muse perd de son éclat. Une inévitable lassitude la courbe vers le sol. Quand le joug enfin se desserre, trop longtemps rivée au tuteur dont elle a épousé la forme, elle ne se redresse pas. Vainement le rigorisme religieux, battu en brèche par l'esprit moderne, relâche un peu son étreinte. Vainement l'esprit puritain, cantonné aux chapelles des dissidents, perd un peu de son prestige.

L'écrivain anglo-saxon garde la hantise du livre où, enfant, il a épelé. Même affranchi du dogme, il en conserve la lettre. Les visions bibliques, prophéties, paraboles, peuplent son imagination, l'asservissent parfois malgré lui.

Ainsi l'allégorie anglaise, religieuse et didactique, devait survivre à ses causes. Or le symbole qui n'est point l'expression vivante d'une croyance, fleur épanouie de la foi — tel que fut le mythe antique — s'étiole, ne prend point racine. C'est une plante de serre chaude, qu'un souffle d'air fait mourir.

Tel nous apparut, dans la littérature et dans l'art anglo-saxon, le symbolisme moderne.

De tendance tout idéaliste, souvent religieux par sa forme, il cherche à se retremper aux sources vives de la race, renoue la tradition celte. D'autre part, il puise dans la Bible, non plus une loi, une esthétique !

Or l'inspiration qui s'appuie sur une formule aussi vide que l'est un dogme brisé, se condamne par cela même.

Si belle qu'elle soit, elle est stérile, ne vaut que par sa parure.

C'est bien là tout le romantisme, avec la magie de son prisme, son éclat un peu factice. Poème ou conte s'y épanouit en renouveau inattendu, comme ces vergers qu'un rayon fait refleurir à l'automne.

Deux causes déterminèrent peut-être cette éclosion tardive : l'accès des terres inexplorées, sol vierge où la pensée, plus libre, communie avec la nature, retrouve le rythme oublié; et la renaissance artistique, qui eut pour grand-prêtre Ruskin.

Avec l'Américain Longfellow, Elisabeth Barrett-Browning, Tennyson, William Morris, le magnifique et brutal William Blake, l'allégorie, plus souple, renaît à une vie nouvelle. Symbolistes, préraphaélistes, à l'envi l'ont cultivée, non plus en moralistes, en rêveurs, en esthètes.

Elle y prend une grâce morbide, inévitablement sentimentale, se complaisant dans l'amertume des contrastes, dans la brièveté des joies terrestres.

Tel est le mysticisme moderne, né d'un regret, non d'une foi. Il se fera l'apothéose du renoncement, de la souffrance. Le Paradis étant détruit, le couronnement des élus n'a lieu que dans le silence des consciences, comme si la joie, si pure, si rare soit-elle, était un fait en dehors de l'ordre des mondes, une magie dangereuse et perverse.

Ainsi, entre les mains pieuses et subtiles de Tennyson, l'ardent cycle breton, légendes d'amour, légendes de mort, se transforme en mirage de rêve. La foi joyeuse, encore païenne, mêlée à l'antique animisme qui fait les choses bienveillantes serves du désir humain, se mue en craintif espoir. L'effort est sans récompense, la victoire une fleur d'outre-tombe; tout déçoit, hors la souffrance.

Arthur et ses chevaliers combattent, voués à la défaite, en lutte contre la vie. C'est elle, l'éternelle tentatrice, qui leur tend ses embûches. La nature est son arsenal, la femme se fait sa complice; elle s'insinue dans le cœur même. Contre elle, il n'est qu'un refuge : l'idéal.

Une même chimère hante artistes et poètes. Dante Rossetti en a donné l'expression la plus complète.

D'autres que j'ai déjà cités : Burne-Jones, Watts et Leigh Hunt, le décorateur Morris, le fantastique Beardsley, jettent sur la toile ou le papier leur vision de l'irréel. Idéalistes irréductibles, ils diront comme Thomson, dans sa *Cité de la Nuit tragique* : « Peut-on en rien distinguer ce rêve de la vie réelle? Car la vie n'est qu'un rêve dont les visions reviennent. »

Rêve désespéré. Vainement Arthur a formulé la loi qui crée les héros. Il ne recueille que les fruits de cendre, les fruits de la terre. Comme le Christ, il a pu dire : « Mon royaume n'est pas de ce monde. »

Le symbolisme romantique est un soir, et non une aurore. La dévotion de ses fidèles, la magie de leur palette ou de leur rythme en prolonge un peu de temps la durée. L'esthétisme factice d'un Oscar Wilde tire quelques paillettes encore des voiles de pourpre du couchant.

Et puis, comme elle agonisait, l'allégorie se relève. Miracle de foi : sur l'autel où le dogme tombe en poussière, où s'est fanée l'illusion, se dresse une nouvelle image : celle d'une femme, plus chétive que les vierges douloureuses pleurant au pied de la croix.

Pauvresse, honnie hier encore, sortie des bouges de l'East-End, venue des cités noires de la houille et du fer, elle rallie à son culte — celui de la détresse humaine — les esprits les plus ardents de la mystique Angleterre.

Autour d'elle, sans effort, se groupent les images familières. L'Anglais, traditionnaliste, n'abandonne pas aisément le cadre de ses fictions. L'agnostique et le croyant cherchent dans le même livre, l'un la raison de sa foi, l'autre une éthique ou, moins encore, l'expression de ses chimères.

C'est ainsi qu'Olive Schreiner, sur le métier séculaire, tisse la trame de ses *Rêves*.

L'audace de sa pensée s'appuie sur le roc des certitudes qui, pour elle, ne sont plus, mais dont ont vécu ses pères. Les souvenirs de la Bible, la forte empreinte morale, donnent à certains de ses contes une allure de parabole.

Mais l'esprit demeure libre; trait bien représentatif du caractère anglo-saxon, qui, aux traditions les plus tenaces, allie un si vif individualisme. Trait caractéristique aussi que la constante préoccupation éducatrice et didactique.

Le rêve anglais n'est point un jeu, ni une floraison de vie épanouie. Il assume un ton de prêche, de bonne foi, il veut convaincre, et, jusque dans l'azur, demeure utilitaire.

Ces figures irréelles ne sont pas les fées inconscientes, âmes fragiles des choses, élément de beauté pure, toutes de charme et de fantaisie. Elles ont pour nom Effort, Vérité ou Devoir. Certes, elles ont évolué avec la pensée humaine. Elles rejettent le masque des cultes hypocrites où le dieu se fait complice des séculaires injustices. Au contact de l'esprit nouveau, elles se font altruistes, féministes peut-être.

Pourtant ce sont elles aussi qui escortèrent le vieux Bunyan dans son long pèlerinage.

Leur royaume est, sinon le paradis des croyances orthodoxes, du moins le ciel évangélique — un évangile à la Tolstoï — social plutôt que mystique. Le dogme effacé, l'esprit demeure, et non seulement l'esprit, l'image.

Dans le récit intitulé « Rêve d'abeilles sauvages », les créatures énigmatiques qui se pressent autour de la jeune mère afin de lui offrir leurs dons, semblent moins des fées-marraines que les messagères divines de quelque Annonciation.

Je me les figure, selon les traditions du quattrocento italien, chères aux disciples de Burne-Jones, en robes de pourpre et d'hyacinthe, avec la grâce alanguie, un peu mièvre, de Rosetti.

Ainsi, tout le long du livre, la vision s'interpose entre le texte écrit et la pensée du lecteur, et les pages s'y déroulent comme autant de fresques peintes :

C'est la Vie songeuse qui attend, seule en face de la mer, ses pieds nus repliés sous elle, faisant glisser entre ses doigts, comme le flot égal d'un clepsydre, le filet du sable doré. C'est le vieillard Raison au bord du large fleuve. C'est le couple amoureux qui va dans le désert uni par l'enfant Joie. Les femmes aux cheveux d'or, aux longues robes chatoyantes, qui baisent de leurs lèvres rouges les fruits du verger d'enfer. Et c'est l'ange aux larges ailes, à qui Dieu a donné pouvoir de mettre à nu l'âme humaine.

Figures graves et mélancoliques, dont le charme est fait de tristesse, dont la seule récompense est l'acquiescement secret donné par la conscience : La terre promise se dérobe. Le chasseur meurt sans atteindre le blanc oiseau Vérité. La femme qui, si douloureusement, a sacrifié son amour, n'aura pour consolation que la vision de ceux auxquels elle trace la voie. Au champ d'idéal, le semeur n'est point celui qui récolte. Qu'il lui suffise de savoir que d'autres mangeront son pain : un jour le blé mûrira.

Morale haute, mais combien austère! Car on sème dans la souffrance. La Joie-enfant que l'homme croyait emmener dans son long voyage, meurt dès la première étape. Les chimères dont a vécu si longtemps la race humaine, n'emplissent plus, comme jadis, le vide douloureux de son cœur. Et ce ciel qu'il n'atteindra pas, que ses fils verront peut-être, se fait plus inaccessible de se mieux concevoir :

Enfants perdus de la pauvre humanité, ne placez pas votre désir au delà de votre sphère, n'endormez pas vos misères au chant de l'irréel. Le Paradis, entrevu dans les rêves des poètes, tout comme celui des croyants, n'est que symbole et mirage. « Va, retourne vers la terre; ce que tu cherches est là. »

Cette parole qui clôt ses *Rêves* explique aussi l'orientation de toute l'œuvre d'Olive Schreiner.

Elle avait une vingtaine d'années quand *L'histoire d'une ferme africaine* révéla son talent d'écrivain pittoresque. Œuvre douloureuse et forte, avant tout largement humaine, livre d'humour et de pitié. Mieux que tout autre, elle pouvait l'écrire, ayant vécu deux années la vie du veldt solitaire. Mais aussi, œuvre inattendue, où l'acuité d'observation, la hardiesse dans l'expression, contrastent étrangement avec la jeunesse de l'auteur, avec la tendance générale de la littérature anglaise, si volontairement optimiste, qui se plaît aux teintes suaves et aux demi-vérités.

Olive Schreiner est la transposition d'un tempérament rêveur du Nord dans le cadre lumineux d'un paysage sud-africain. Or, tandis qu'autour d'elle la terre fruste, à peine sortie, dirait-on, des mains du Créateur, la vie âpre, rude, ramènent l'homme aux conceptions primitives, plus nettes de l'existence, exaspèrent les instincts de lutte, fortifient le pacte conclu avec le Dieu de la race — le Dieu des forts et des justes — sa nature d'artiste transforme, sans les nier, les réalités brutales.

Sa puissance d'imagination ne le cède en rien à celle de sa vision directe.

Sous le relief, dur parfois, précisant les gens et les choses, un ardent idéalisme s'infiltre, comme une eau de roche, dans l'écorce rude du sol.

Préoccupations religieuses, mysticisme prêt à faucher l'hypocrisie des vieux dogmes; mélange de réalisme farouche et d'échappées vers l'irréel, telles sont les tendances que nous retrouvons dans *Peter Halket*.

Là aussi, la vie intérieure, le destin, mènent les êtres. Travailleurs perdus dans la brousse, défricheurs des plaines africaines, soldats en casque de liège, les pionniers du désert s'arrêtent parfois pour écouter chanter en eux l'invisible.

C'est près de ses premiers héros qu'Olive Schreiner a du rêver ses *Rêves*. Et, de même que s'affirmait dans ses romans si expressifs la dualité de l'âme anglaise : conception pratique de la vie et puissance d'évocation, dans ses contes, tout irréels, le but essentiellement demeure utilitaire. La vision ne s'y précise que pour nous mieux éclairer le champ de l'expérience humaine. Les images gracieuses ou terribles ne se dévoilent que pour instruire.

Celle qui les a évoquées, sait le danger de leur magie : l'homme qui, dans l'océan des songes, plonge le filet du désir, n'en retire que des chimères. La certitude ne se rencontre qu'aux durs chemins de vérité, où l'on va le cœur lourd, les pieds meurtris, les mains vides :

« Va, retourne vers la terre. »

Olive Schreiner y est retournée.

Son dernier volume, *Women and Work*, fragment du grand travail que la guerre anglo-boer devait anéantir, développe les idées féministes qu'ébauchaient trois de ses contes; œuvre de foi, œuvre de lutte, qui vient apporter sa pierre au temple des jours futurs :

« Et je vis que les femmes aussi se tenaient l'une l'autre par la main.

« Et je demandai à celui qui était près de moi :

« — Quel est ce lieu?

« — Le ciel, dit-il.

« Et je dis : Où est le ciel?

« Il répondit : Sur la terre. »

PRÉFACE

C'est sur la terre également, dans l'aspiration humaine vers quelque chose de meilleur, que le poète reconnaît les paroles de l'hymne divin qu'il n'avait pu chanter au ciel; fleur d'espoir dont l'éclosion embaume la dernière page.

Petite fille d'hier, à qui fut dédié ce livre, et qui savez aujourd'hui combien la vie use de rêves, je vous souhaite de l'y cueillir.

Marie Diémer.

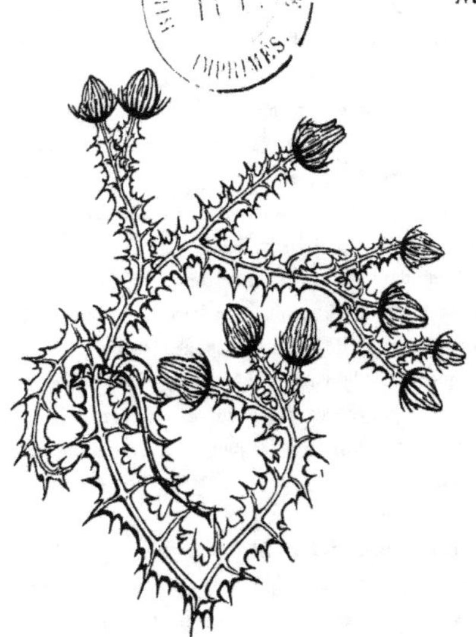

RÊVES

La Joie perdue

OUT le jour, là où le soleil se jouait sur la plage, la « Vie » reposait.

Tout le jour la brise se jouait dans ses cheveux, et le jeune visage se tournait vers l'au-delà des mers. Elle attendait, elle attendait; mais sans savoir quoi.

Tout le jour les vagues montèrent et redescendirent sur le sable et roulèrent les coquillages roses. La Vie attendait; tout le jour, avec le soleil dans ses yeux, elle resta là jusqu'à l'heure où, fatiguée, elle laissa tomber sa tête sur son genou et s'endormit, attendant encore.

Une allège grinça sur le sable et un pas fut entendu sur la plage. La Vie l'entendit et s'éveilla. Une main se posa sur elle, et un long frisson la traversa. Elle leva son regard et vit, penchés sur elle, les grands yeux étranges de l'Amour. Et la Vie comprit alors la raison de son attente.

Et l'Amour étreignit la Vie.

Et de leur rencontre naquit une chose rare et magnifique : la Joie, la prime Joie, ainsi fut-elle appelée.

Le soleil, quand il brille sur l'eau joyeuse, n'est pas si heureux; les petits boutons de roses offrant leurs lèvres au premier baiser du soleil ne sont pas aussi vermeils. Le petit cœur de l'enfant battait rapidement, il était si doux, si chaud! Il ne parlait pas mais il riait et jouait dans le soleil : et l'Amour et la Vie se réjouissaient de son bonheur. Ils ne se le dirent pas, mais chacun d'eux pensait en son cœur :

« Il sera nôtre à jamais! »

Il arriva un jour, — était-ce après des semaines? était-ce après des mois? (l'Amour et la Vie ne se rendent pas compte du temps) — où l'enfant ne fut plus ce qu'il avait été.

Il jouait toujours; il riait toujours; il avait encore les lèvres toutes rouges du jus des baies vermeilles; mais quelquefois les petites mains retombaient fatiguées et les petits yeux fixaient tristement au loin la mer.

T l'Amour et la Vie n'osaient pas se regarder, n'osaient pas se dire : « De quoi souffre notre cher trésor? » Chacun se disait à lui-même : « Cela n'est rien, demain il rira de nouveau gaiement! » Mais demain vint suivi d'un lendemain. Ils allaient, et l'enfant jouait auprès d'eux, mais tristement, toujours plus tristement.

O - CARLOS SCHWAB

 N jour, l'Amour et la Vie s'étendirent pour dormir ; et lorsqu'ils se réveillèrent l'enfant était parti ; — seulement, près d'eux, sur l'herbe, était assis un petit étranger aux grands yeux très doux et très tristes ; ni l'un ni l'autre ne le remarquèrent ; ils marchaient l'un loin de l'autre en pleurant amèrement. « Oh ! notre joie, notre joie perdue ! ne te reverrons-nous plus jamais ? »

Le petit étranger, si doux, aux grands yeux tristes, glissa une de ses mains dans chacune des leurs et les rapprocha ; et l'Amour et la Vie marchèrent à ses côtés. Et quand la Vie, pleine d'angoisse, baissait les yeux, elle voyait ses larmes reflétées dans ceux du petit étranger. Et quand l'Amour, fou de douleur, criait : « Je suis las, je suis las, je ne puis aller plus loin. Toute la lumière est en arrière, la nuit seule est devant moi », un petit doigt rose montra la colline où le soleil dardait ses rayons. Les yeux restaient tristes et pensifs ; la brave petite bouche continuait à sourire très doucement.

Quand la Vie, sur les dures pierres de la route, se blessa les pieds, le petit étranger essuya le sang avec son vêtement et mit sur la blessure ses petites lèvres roses. Quand, dans le désert, l'Amour s'évanouit (car l'Amour même peut défaillir), il courut à travers le sable chaud avec ses petits pieds nus, et dans ce désert même trouva dans le trou d'un rocher une eau dont il humecta les lèvres de l'Amour. Il n'était pas gênant, il n'était d'aucune charge ; il les aidait seulement à marcher en avant.

Quand ils arrivèrent au sombre ravin d'où les glaçons pendent des rochers — car l'Amour et la Vie doivent franchir de sombres passages — là où tout est froid et où la neige séjourne épaisse, il prit leurs mains glacées et les mit contre son petit cœur battant, les réchauffa et doucement il les faisait avancer toujours.

Et quand ils arrivèrent au delà, dans le pays du soleil et des fleurs, ses grands yeux brillèrent et deux fossettes se creusèrent au coin de ses joues. Riant joyeusement, il courut sur le doux gazon, récolta du miel du creux des arbres et le leur apporta dans ses mains ; il leur donna de l'eau dans des feuilles de muguet, cueillit des fleurs, leur en couronna la tête en souriant toujours. Il les caressait ainsi que leur joie les avait caressés, mais ses doigts s'attachaient à eux plus tendrement.

 INSI ils marchaient au travers des pays de l'ombre et de la lumière, toujours escortés de ce brave petit sourire. Ils se rappelaient quelquefois leur première radieuse joie et se disaient tout bas : « Oh ! si seulement nous pouvions aussi la retrouver ! »

 LS arrivèrent enfin dans le domaine de la Pensée, cette étrange vieille femme qui a toujours un coude sur son genou et son menton dans sa main, et qui dérobe la lumière du Passé pour la répandre sur l'Avenir. Et l'Amour et la Vie lui dirent : « O toi, qui es la sagesse ! dis-nous : lorsque nous nous rencontrâmes, un être radieux et merveilleux fut nôtre — la Joie sans une larme, la Lumière sans un nuage. Oh ! quel péché avons-nous pu commettre pour que nous l'ayons perdu ? Où pourrions-nous aller pour le retrouver ? »

Et la sage aïeule répondit : « Pour le retrouver renonceriez-vous à celui qui est avec vous à présent ? »

Et l'Amour et la Vie, pleins d'angoisse, crièrent : « Non ! »

« Renoncer à lui ? dit la Vie. Quand les épines m'auront blessée, qui sucera le poison de la plaie ? Quand ma tête souffrira, qui mettra ses petites mains à l'endroit douloureux pour en arrêter les battements ? Dans le froid et dans les ténèbres, qui réchauffera mon cœur glacé ? »

T l'Amour s'écria : « Laissez-moi plutôt mourir ! Je puis vivre sans la Joie, mais sans cet enfant, je ne le puis ; laissez-moi plutôt mourir que de le perdre ! »

Et la sage vieille femme répondit : « O insensés et aveugles ! ce que vous eûtes un jour, c'est ce que vous avez à présent ! Quand l'Amour et la Vie se rencontrent pour la première fois, un être radieux naît dans l'aube sans nuage. Quand la route devient rude, quand les ombres s'épaississent, quand les jours sont pénibles et les nuits froides et longues, alors cet être change. L'Amour et la Vie ne veulent pas le voir, ne veulent pas le savoir — jusqu'à ce qu'un jour ils se réveillent en sursaut, s'écriant : Dieu ! Oh, mon Dieu ! nous l'avons perdu, où est-il ? Ils ne comprennent pas qu'ils ne pouvaient, sans la changer, emmener cette créature riante dans le désert, le froid et la neige. Ils ne comprennent pas que celui qui marche auprès d'eux est encore la Joie, mais une joie moins jeune. L'enfant si doux, si grave, si tendre, réchauffant au milieu des neiges les plus glacées, courageux au sein des déserts les plus arides, se nomme la « Sympathie » : c'est le Parfait Amour ! »

Le Chasseur

ANS une vallée il y avait un chasseur. Jour après jour il chassait les oiseaux sauvages dans les bois; et il arriva qu'une fois il se trouva sur les bords d'un large lac. Tandis qu'il attendait dans les roseaux le passage des oiseaux, une grande ombre tomba sur lui et il vit dans l'eau un reflet. Il regarda au ciel; mais la chose avait disparu. Alors un désir cuisant lui vint de revoir une fois encore ce reflet dans l'eau, et tout le jour il guetta et attendit ; mais la nuit vint et la chose ne réapparut point. Alors le chasseur rentra chez lui morne et silencieux, avec la carnassière vide. Ses camarades vinrent le questionner et lui demander la raison de son chagrin, mais il ne leur répondit pas ; il s'assit solitaire et rêva. Alors son ami vint à lui, et à son ami il parla.

« J'ai vu aujourd'hui, dit-il, ce que je n'avais jamais vu auparavant ; un grand oiseau blanc, aux ailes d'argent déployées, planant dans l'éternel bleu. Et maintenant il me semble que j'ai en moi comme un feu dévorant. Cela n'a été qu'un éclat, une lueur, un reflet dans l'eau ; mais à présent je ne désire plus rien au monde que de le posséder. »

Son ami se mit à rire :

« Ce n'était qu'un rayon se jouant dans l'eau, ou l'ombre de ta tête. Demain tu l'auras oublié », dit-il. Mais le lendemain et le surlendemain le chasseur marcha seul. Il chercha dans la forêt et dans les bois, près des lacs et parmi les roseaux, mais il ne trouva rien. Il ne tua plus les oiseaux sauvages ; qu'étaient-ils pour lui ?...

« Que lui manque-t-il », disaient ses compagnons ?

« Il est fou », dit l'un d'eux. — « Non, pis que cela, dit un autre, il voudrait voir ce qu'aucun de nous n'a jamais vu et se faire passer pour un prodige. »

« Venez, écartons-nous de lui, » dirent-ils tous.

Alors le chasseur marcha solitaire. Une nuit, tandis qu'il errait dans l'ombre, le cœur blessé et pleurant, un vieillard se dressa devant lui, plus grand et plus majestueux que les fils des hommes.

« Qui es-tu ? lui demanda le chasseur.

— Je suis la « Sagesse », répondit le vieillard ; mais certains hommes m'appellent le « Savoir ». Toute ma vie j'ai vécu dans ces forêts ; mais nul ne peut me connaître avant d'avoir beaucoup souffert. Les yeux qui peuvent me voir doivent être lavés par les larmes ; et je parle à l'homme selon sa souffrance. »

 T LE chasseur s'écria :

« O toi qui as vécu ici si longtemps, dis-moi quel est ce grand oiseau sauvage que j'ai vu planant dans l'azur? Mes compagnons ont voulu me faire croire que c'était un rêve, l'ombre de ma propre tête. »

Le vieillard sourit.

« Son nom est « Vérité ». Celui qui l'a vu une fois ne peut plus jamais reposer. Jusqu'à la mort il le désire. »

Et le chasseur s'écria :

« Oh! dis-moi où je puis le trouver! »

Mais le vieux dit :

« Tu n'as pas encore assez souffert. » Et il s'en alla.

LORS le chasseur prit dans son cœur la navette de son Imagination et y dévida le fil de ses Désirs; et toute la nuit il resta assis et tissa un filet.

Au matin il étendit le filet d'or sur le sol et il y jeta quelques grains de crédulité que son père lui avait légués et qu'il gardait précieusement sur lui. On eût dit des « vesses-de-loup » blanches, et lorsqu'on marchait dessus une poussière brune s'en échappait. Puis il s'assit pour voir ce qui arriverait. Le premier qui vint se prendre dans le filet fut un oiseau blanc comme neige, avec des yeux de tourterelle; il chanta un chant magnifique : « Un Dieu humain! Un Dieu humain! » chantait-il.

Le second oiseau qui vint était noir et mystique, avec de beaux yeux sombres qui semblaient pénétrer jusqu'au fond de l'âme, et il ne chanta que ceci : « Immortalité ».

Et le chasseur les prit tous deux dans ses bras, car il se disait :

« Ils sont sûrement de la belle famille de la Vérité ! »

Alors il en vint un autre, vert et or, qui chanta d'une voix perçante comme le crieur sur le marché : « Récompense après la mort ! Récompense après la mort ! »

Et le chasseur dit :

« Tu n'es pas aussi beau que les autres, mais tu es beau cependant ! » Et il le prit.

Et tant qu'il resta des graines, d'autres vinrent, colorés brillamment, aux chants mélodieux. Et le chasseur réunit ensemble tous ses oiseaux, bâtit une forte cage en fer appelée : « le Nouveau Credo ». Il y mit tous ses oiseaux.

Alors le peuple vint, dansant et chantant : « Oh ! heureux chasseur ! disait-il. Oh ! homme merveilleux ! Oh ! délicieux oiseaux ! Oh ! charmantes chansons ! »

Personne ne demanda d'où venaient les oiseaux, ni comment ils avaient été pris ; mais tous restaient devant eux à danser et à chanter. Et le chasseur aussi était heureux, car il disait : « Sûrement la Vérité se trouve parmi eux. Avec le temps elle muera et je verrai sa forme blanche comme neige. »

E temps passa et le peuple chantait et dansait ; mais le cœur du chasseur devint lourd ; comme autrefois il erra seul pour pleurer ; le puissant désir renaissait en lui. Un jour qu'il était assis seul et pleurant, la Sagesse vint à lui. Il dit au vieillard ce qu'il avait fait. Et le Sage sourit tristement :

« Beaucoup d'hommes, dit-il, ont tendu le filet pour capter la Vérité ; mais ils ne l'ont jamais trouvée. Elle ne se nourrit pas des graines de la crédulité ; elle ne peut pas être retenue par le filet des Désirs ; elle ne peut pas respirer l'air de ces vallées. Les oiseaux que tu as pris sont de la couvée des « Mensonges ». Si charmants et si beaux qu'ils soient, cependant ils sont des Mensonges, la Vérité ne les connaît pas. »

T LE chasseur s'écria amèrement :

« Alors me faudra-t-il rester ici pour être dévoré par cette ardente brûlure ?... »

Et le vieillard dit :

« Écoute et, parce que tu as souffert et pleuré, je te dirai ce que je sais. Celui qui se met en route pour chercher la Vérité, doit abandonner pour jamais ces vallées de la Superstition, n'emportant rien avec lui de ce qui lui appartient. Seul il doit descendre au pays de l'absolue Négation et du Reniement ; il devra y séjourner ; il devra résister à la Tentation ; alors que le jour poindra, il devra se lever et le suivre jusque dans la région aride du soleil. Les montagnes austères de la Réalité s'élèveront devant lui ; il devra les gravir : au delà repose la Vérité.

— Et il la serrera contre lui ; il la tiendra dans ses mains ! » s'écria le chasseur.

La Sagesse secoua la tête :

« Il ne la verra jamais, il ne pourra jamais la posséder. Le temps n'est pas venu.

— Alors il n'y a pas d'espoir ? cria le chasseur.

— Il y a ceci, dit la Sagesse : Quelques hommes ont gravi ces montagnes ; ils ont escaladé cirques après cirques, les rochers arides ; et errant dans ces hautes régions, quelques-uns ont eu la chance de ramasser une plume blanche et argentée, tombée à terre de l'aile de la Vérité. Et il arrivera », dit le vieillard, grandi par une ardeur prophétique, en montrant du doigt le ciel, « il arrivera, quand un assez grand nombre de ces plumes argentées aura été récolté par la main des hommes, tressé en une corde et cette corde tissée en un filet, que dans ce filet la Vérité pourra être capturée. La Vérité seule peut saisir la Vérité ».

E chasseur se leva : « J'irai », dit-il.

Mais la Sagesse le retint :

« Rappelle-toi bien que celui qui quitte ces vallées n'y reviendra jamais, quand bien même il répandrait sept jours et sept nuits des larmes de sang sur les confins de ces lieux ; il n'en franchira plus jamais le seuil. Une fois quittés, ils le sont à tout jamais. La route que tu veux suivre n'offre pas de récompense. Celui qui la prend, la prend librement, uniquement pour le grand amour qu'il a en lui. La peine lui est sa récompense.

— J'irai, dit le chasseur, mais une fois sur la montagne, quel chemin devrai-je prendre ? »

— Je suis l'enfant de la Sagesse accumulée des âges, dit le vieillard. Je ne puis marcher que là où bien des pas d'hommes ont foulé le sol. Sur ces montagnes il n'y a que peu de traces humaines ; chaque homme se fait lui-même son chemin. Il avance à son propre péril : il n'entend pas ma voix. Je puis le suivre, mais non le précéder. »

Puis la Sagesse disparut.

Et le chasseur revint sur ses pas ; il alla à sa cage : de ses mains il brisa les barreaux, et le fer déchira ses paumes. Il est parfois plus facile de construire que de détruire.

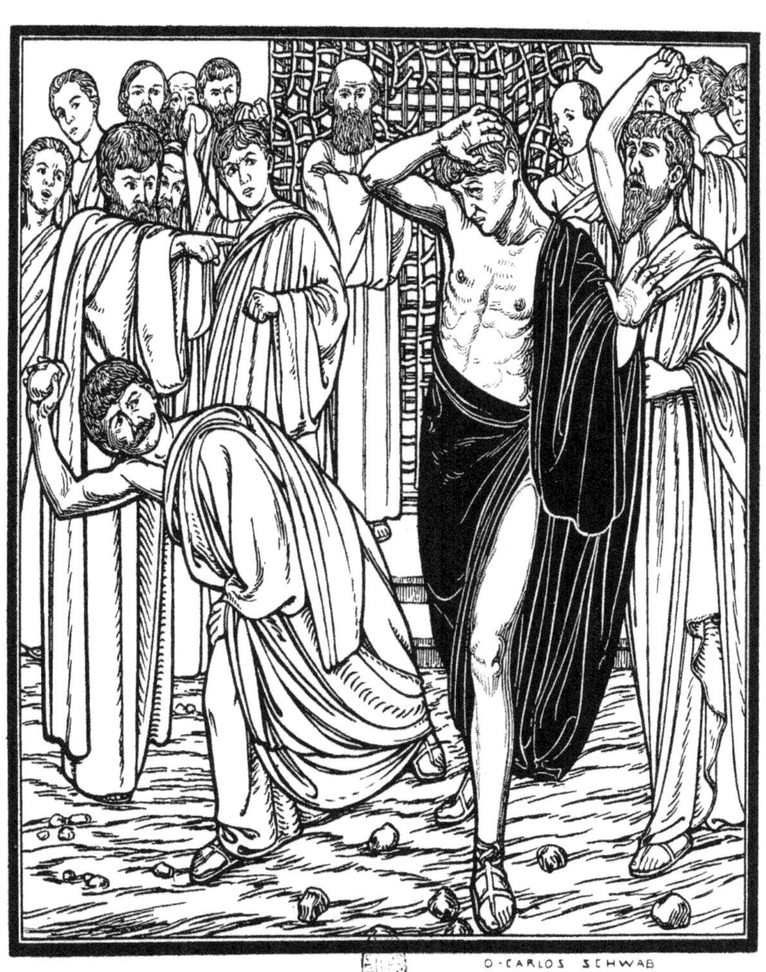

O·CARLOS SCHWAB

Il prit l'un après l'autre les oiseaux ailés et les laissa s'envoler. Mais lorsqu'il arriva à l'oiseau au plumage sombre, il le tint et regarda ses beaux yeux, et l'oiseau murmura son cri bas et profond : « Immortalité ! »

 LORS il se dit : « Je ne puis me séparer de lui ; il n'est pas lourd ; il ne mange rien. Je le cacherai sur ma poitrine : je le prendrai avec moi. »

Et il le prit sur lui et le recouvrit de son manteau.

Mais la chose qu'il avait ainsi cachée devint lourde, toujours plus lourde, jusqu'à peser sur sa poitrine comme du plomb. Il ne pouvait plus bouger. Il ne pouvait quitter ces vallées avec ce poids. Alors de nouveau il le prit et le regarda.

« Oh ! mon joli ; trésor de mon cœur ! s'écria-t-il. Ne puis-je te garder ! »

Tristement il ouvrit ses mains :

« Va, dit-il, il pourrait arriver que, dans le chant de la Vérité, une note soit pareille à la tienne ; mais jamais je ne l'entendrai. »

Tristement il ouvrit ses mains et l'oiseau s'envola de lui pour toujours.

Alors de la navette de l'Imagination, il prit le fil de ses Désirs et le jeta à terre ; et il mit la navette vide sur sa poitrine, car le fil avait été tissé dans ces vallées, mais la navette venait d'un pays inconnu. Il se retournait pour quitter ces lieux, quand tout le peuple vint à lui, hurlant :

« Fou, chien, dément, lunatique ! crièrent-ils. Comment as-tu osé briser ta cage et laisser les oiseaux s'envoler ! »

Le chasseur parla ; mais ils ne voulurent pas l'écouter

« Qu'est-ce que la Vérité ? Peut-on la manger ? Peut-on la boire ? Qui l'a jamais vue ? Tes oiseaux étaient réels, tout le monde pouvait les entendre chanter ! Oh, fou ! vil reptile ! athée ! crièrent-ils, tu souilles l'air !

— Prenons des pierres et lapidons-le, dirent quelques-uns.

— En quoi cela nous concerne-t-il ? Laissez partir cet insensé », dirent d'autres. Et ils s'en allèrent. Mais ceux qui restaient ramassèrent des pierres et de la boue et les lui jetèrent. Enfin, quand il fut meurtri et blessé, le chasseur rampa jusque dans les bois. Et le soir était autour de lui.

L avançait toujours, et l'ombre augmentait. Il arriva sur les confins du pays de l'éternelle nuit. Il y entra et il n'y trouva aucune lumière. Il avançait en tâtonnant ; mais chaque branche d'arbre qu'il touchait se brisait, et la terre était couverte de cendres. Ses pieds enfonçaient à chaque pas et un fin nuage de cendres impalpables passait sur son visage, et il faisait nuit. Il s'assit sur une pierre, enfonça sa tête dans ses mains pour attendre que la lumière vint dans le pays de la Négation et du Reniement.

Et les ténèbres étaient aussi entrées dans son cœur.

Des marais voisins, il sentit venir à sa droite et à sa gauche des brouillards qui l'enveloppèrent. Une pluie fine et imperceptible tomba dans l'obscurité, et de grosses gouttes se condensèrent autour de ses cheveux et de ses vêtements. Son cœur battait lentement. Un engourdissement le prenait tout entier.

Alors, dans l'espace, deux joyeux feux-follets vinrent en dansant. Il leva la tête pour les regarder. Ils s'approchaient de plus en plus. Si chauds, si brillants, ils dansaient comme des étoiles de feu. A la fin ils se tinrent devant lui. Au centre de la flamme rayonnante de l'un d'eux on pouvait voir un visage de femme,

un visage rieur à fossettes, avec de longs cheveux blonds flottants. Au centre de l'autre étaient de joyeuses petites rides comme les bulles sur un verre de vin. Tous deux dansaient devant lui.

« Qui êtes-vous, demanda le chasseur, à venir seuls me voir dans ma solitude et ma nuit?

— Nous sommes les jumeaux de la Sensualité, crièrent-ils. Le nom de notre mère est « Humaine Nature » et le nom de notre père est « Excès ». Nous sommes aussi vieux que les monts et les rivières, aussi vieux que le premier homme : mais nous ne mourrons jamais, dirent-ils en riant.

— Oh! laisse-moi t'entourer de mes bras! s'écria la femme; ils sont doux et chauds. Ton cœur est à présent glacé, mais je le ranimerai. Oh! viens à moi!

— Je répandrai ma vie ardente en toi, dit l'autre; ton esprit est engourdi et tes membres sont en ce moment comme morts, mais ils revivront d'une forte et libre vie. Oh! laisse-moi la verser en toi!

— Oh! suis-nous, crièrent-ils, et vis avec nous. De plus nobles cœurs que le tien se sont assis dans ces ténèbres pour attendre et ils sont venus à nous et nous sommes allés à eux; et ils ne nous ont jamais laissés, jamais. Tout le reste est déception, mais nous sommes réels. La Vérité est une ombre; les vallées de la Superstition sont une fable; la terre est de cendres; les arbres sont pourris; mais nous, sens-nous, nous vivons! Tu ne peux pas douter de nous. Sens combien nous sommes chauds! Oh! viens avec nous! viens avec nous!... »

De plus en plus près ils volaient autour de sa tête, et les gouttes froides fondaient sur son front. La brillante lumière l'aveugla, l'étourdit, et son sang glacé recommença à circuler. Et il dit:

« Oui, pourquoi mourrais-je ici dans cette affreuse obscurité? Ils sont chauds, ils raniment mon sang glacé! » Et il étendit les mains pour les prendre.

4

Alors, en un instant, lui revint l'image de la chose qu'il avait aimée, et sa main retomba à son côté.

« Oh! viens avec nous, » crièrent-ils. Mais il enfouit sa tête dans ses mains : « Vous m'éblouissez, dit-il, vous réchauffez mon cœur, mais vous ne pouvez me donner ce que je désire. Je vais attendre ici, attendre jusqu'à ma mort. Allez! »

Il se couvrit le visage de ses mains et ne voulut plus rien entendre.

Et quand il rouvrit les yeux, il vit deux étoiles brillantes qui s'évanouissaient dans le lointain.

Et la longue, longue nuit recommença.

Tous ceux qui quittent la vallée de la Superstition passent à travers ce sombre pays; mais certains le traversent en quelques jours, d'autres y séjournent pendant des mois, d'autres pendant des années et quelques-uns y meurent.

NFIN une faible lueur teinta l'horizon, et le chasseur se leva pour la suivre.

Il atteignit cette lumière et entra dans le royaume du soleil.

LORS devant lui s'élevèrent les monts puissants des Faits et des Réalités. Le clair soleil se jouait sur eux et leurs sommets se perdaient dans les nuages. A leurs pieds se croisaient d'étroits sentiers. Un cri de joie s'échappa de la poitrine du chasseur. Il choisit le chemin le plus raide et commença à grimper; et les rochers et les crêtes résonnaient de sa chanson. On avait exagéré; après tout ce n'était pas si haut et le sentier n'était pas si raide! Quelques jours, quelques semaines, quelques mois au plus et il arriverait au sommet ! Ce ne serait pas une plume seulement qu'il ramasserait ; il récolterait toutes celles que les autres hommes ont trouvées ; il tisserait le filet, il capturerait la Vérité, il la tiendrait serrée, il la toucherait de ses mains, il l'étreindrait !

Il rit dans le joyeux soleil et chanta plus gaiement. La victoire était proche. Cependant, après quelque temps le chemin devint plus raide. Il avait besoin de tout son souffle pour grimper et sa chanson s'éteignit. A sa droite et à sa gauche s'élevaient d'immenses rochers dénués de lichen ou de mousse et, dans une terre de lave, on voyait des abîmes béants. Par-ci, par-là, il voyait briller quelques os blancs. Le chemin était de moins en moins marqué ; à la fin ce n'était plus qu'une trace, avec ici et là une empreinte de pieds ; puis il cessa tout à coup. Le chasseur ne chanta plus mais se fraya un chemin par lui-même jusqu'à ce qu'il atteignit un puissant mur de rochers, lisse, sans déchirures, s'étendant aussi loin que les yeux pouvaient voir. « Je vais élever un escalier contre ces rocs ; et une fois que j'aurai escaladé ce mur, je serai presque arrivé », dit-il courageusement ; et il se mit au travail. Avec la navette de son Imagination, il piocha pour extraire les pierres ; mais la moitié d'entre elles, mal choisies, ne pouvaient lui servir. Aussi l'œuvre de quinze jours roula-t-elle au fond de l'abîme. Cependant le chasseur continua à travailler en se disant : « Une fois que j'aurai gravi ce mur, je serai presque arrivé, le grand labeur se terminera. »

 LA fin il arriva au sommet et il regarda très loin. Au-dessous de lui, le brouillard blanc s'étendait sur les vallées de la Superstition, et au-dessus les montagnes le dominaient ; auparavant elles lui avaient semblé peu élevées, à présent elles lui paraissaient d'une hauteur incommensurable, de leur base à leur cime,

entourées de murs de rochers qui s'élevaient étage sur étage en des cirques puissants où le soleil dardait ses rayons éternels. Il poussa un cri sauvage. Il se prosterna sur la terre et quand il se releva sa figure était blanche. Il continua à marcher dans un silence absolu. Il était à présent lui-même très silencieux. Dans ces hautes régions l'air raréfié est dur à respirer pour ceux qui sont nés dans les vallées ; chaque respiration qu'il prenait lui faisait mal et le sang s'échappait du bout de ses doigts. Devant un nouveau mur de rochers il recommença à travailler. La hauteur de celui-ci semblait infinie. Mais il ne dit rien. Le bruit de son outil résonnait jour et nuit sur les rocs de fer dans lesquels il taillait des marches. Les années passèrent sur lui, il travaillait toujours ; mais le mur le dominait du haut du ciel. Il demandait quelquefois qu'un peu de mousse ou de lichen puisse naître sur ces murs nus pour lui tenir compagnie, mais cela n'arriva jamais.

T les années passèrent ; il les comptait d'après les marches qu'il avait faites, — bien peu en une année, seulement quelques-unes. Il ne chantait plus ; il ne disait plus : « Je ferai ceci ou cela ». Il travaillait seulement. Et la nuit, à l'heure du crépuscule, d'étranges figures sauvages le regardaient des trous et des crevasses du rocher.

« Cesse ton travail, homme solitaire, et parle-nous, » criaient-elles.

« Mon salut est dans le travail ; si je l'interrompais seulement pour un instant, vous ramperiez jusqu'à moi, » répondit-il. Alors elles avancèrent encore plus leurs longs cous :

« Regarde dans les crevasses à tes pieds, dirent-elles. Y vois-tu ces os blancs ? Un homme aussi brave et aussi fort que toi a voulu gravir ces rochers. »

O·CARLOS SCHWAB

Et il regarda au-dessus de lui. Il vit qu'il était inutile de lutter ; qu'il ne posséderait jamais la Vérité, qu'il ne la verrait jamais. Alors, il se coucha ici, car il était très las ; il s'endormit pour jamais. Il appela lui-même le sommeil, un sommeil très paisible. Celui qui dort n'est pas solitaire. Ni ses mains ni son cœur ne font souffrir ! Et le chasseur rit entre ses dents.

« Ai-je arraché de mon cœur tout ce que j'avais de plus cher ; ai-je erré seul dans le pays de la Nuit ; ai-je résisté à la Tentation ; ai-je séjourné là où la voix de ma race n'est jamais entendue et ai-je travaillé solitaire, pour me coucher à présent et devenir votre proie, oh ! harpies ? »

Il les défiait de son rire et les Éclairs du Désespoir s'évanouirent, car le rire d'un cœur brave et fort est un coup de mort pour eux.

Elles rampèrent de nouveau vers lui et le regardèrent.

« Sais-tu que tes cheveux sont blancs ? dirent-elles ; que tes mains commencent à trembler comme celles d'un enfant ? Vois-tu que la pointe de ta navette est partie ? Elle est déjà brisée. Si jamais tu peux monter cet escalier, dirent-elles, ce sera le dernier, jamais tu n'en monteras d'autre. »

Et il répondit : « Je le sais ». Et il continua à travailler.

Les mains vieillies et amaigries coupaient mal et irrégulièrement les pierres, car ses doigts étaient raides et ployés. La beauté et la force de l'homme étaient parties.

LA fin, son vieux visage flétri et ridé regarda au-dessus des rochers.

Il vit les monts éternels dresser leurs murs jusqu'aux blancs nuages ; mais son travail était achevé.

 E vieux chasseur joignit ses mains fatiguées et se coucha près du précipice où il avait usé sa vie. C'était enfin le temps du sommeil. Au-dessous de lui, l'épais brouillard blanc recouvrait les vallées. A un moment il s'éclaircit et, à travers la brèche, les yeux mourants purent voir encore les arbres et les champs de leur enfance. De loin il crut entendre le cri de ses oiseaux sauvages, et le bruit du peuple chantant et dansant. Et il lui sembla qu'il entendait parmi ces voix celles de ses anciens camarades ; et il vit au delà, très loin, le soleil qui dorait sa première demeure. Et de grosses larmes vinrent dans les yeux du chasseur.

« Ah ! ceux qui meurent là ne meurent pas seuls », cria-t-il.

Alors le brouillard redevint plus épais ; et il détourna ses yeux.

« J'ai cherché, dit-il. Pendant de longues années j'ai travaillé : mais je ne l'ai pas trouvée. Je ne me suis pas reposé, je ne me suis pas plaint, et je ne l'ai pas vue. A présent ma force m'a quitté. Là où je repose, usé, d'autres hommes viendront jeunes et forts. Ils monteront par les marches que j'ai creusées ; ils avanceront par les escaliers que j'ai construits, sans jamais savoir le nom de l'homme qui les fit. En voyant ce travail maladroit, ils riront ; quand les pierres se détacheront, ils me maudiront. Mais ils monteront grâce à « MON » travail ; ils avanceront grâce à « MES » degrés ! Ils la trouveront par moi ! Et aucun homme ne vit pour lui, et aucun homme ne meurt pour lui ! »

Les larmes roulaient des paupières ridées. Si la Vérité était apparue audessus de lui dans les nuages, il n'aurait pas pu la voir, le brouillard de la mort était dans ses yeux.

« Mon âme entend leurs pas joyeux qui viennent, dit-il, et ils monteront, ils monteront toujours plus haut ! »

Il porta ses mains ridées à ses yeux.

 LORS lentement, du ciel blanc, au-dessus de lui, au travers du calme de l'air, quelque chose tomba, tomba. Doucement cela flotta en descendant toujours, puis cela vint se poser sur le cœur de l'homme mourant. Il le sentit avec ses mains. C'était une plume. Il mourut en la tenant.

TROIS RÊVES DANS LE DÉSERT

Sous un mimosa

Comme je voyageais à travers une plaine d'Afrique, la chaleur était accablante. Je conduisis mon cheval sous un mimosa, je lui enlevai sa selle et je le laissai pâturer au milieu des broussailles desséchées.

La terre brune s'étendait à droite et à gauche. Je m'assis sous l'arbre, car le soleil tapait dru et tout au long de l'horizon on sentait l'air palpiter.

Au bout d'un moment un engourdissement me prit, j'appuyai ma tête lourde contre la selle de mon cheval et je m'endormis. Dans mon sommeil j'eus un rêve étrange. Je crus être sur les confins d'une plaine aride que le sable enveloppait de toutes parts. Et je crus voir deux grandes créatures pareilles aux bêtes de somme du désert ; l'une d'elles, le cou tendu, était couchée sur le sable, et l'autre se tenait debout auprès. Je regardai avec curiosité celle qui était à terre, car elle avait un lourd fardeau sur son dos, le sable s'amoncelait autour d'elle et semblait s'être accumulé là depuis des siècles.

Je la regardai avec intérêt.

Et quelqu'un qui veillait là se trouva près de moi. Je lui demandai : « Quelle est cette grande créature qui est étendue là sur le sable ? »

Il répondit : « C'est la femme ; celle qui porte les hommes dans son sein. »

Je lui dis : « Pourquoi reste-t-elle là immobile avec le sable accumulé autour d'elle ? »

Il répondit : « Écoute, je vais te le dire. D'âge en âge elle est restée ici, et le vent a soufflé sur elle. Le plus âgé d'entre les hommes ne l'a jamais vue bouger : le plus vieux livre rapporte qu'autrefois elle était étendue là comme elle l'est aujourd'hui, tout entourée de sable. Mais écoute : plus vieilles que les plus vieux livres, plus vieilles que les plus anciennes histoires demeurées dans la mémoire des hommes ; sur les rocs du langage, sur le dur argile des anciennes coutumes tombées maintenant en poussière sont les empreintes de ses pas. Tu les y reconnaîtras, mêlées à celles de l'être qui se tient auprès d'elle. Ne sais-tu pas que celle qui est aujourd'hui couchée là a une fois erré en liberté sur les rochers avec lui ? »

Je dis : « Pourquoi est-elle à présent couchée là ? »

Il répondit : « Il m'a été révélé voici bien des années, que l'âge de la

Domination des Forces Musculaires la trouva, et comme elle se baissait pour donner la nourriture à ses petits, il plaça sur son large dos le fardeau de la Soumission et il le fixa avec la large ceinture de l'Inévitable Nécessité. Alors elle regarda la terre et le ciel et comprit qu'il n'y avait plus aucun espoir pour elle; et elle s'étendit sur le sable avec le fardeau qu'elle ne pouvait plus détacher. Depuis ce temps-là elle est demeurée ici. Les années sont venues, les années ont passé, mais la ceinture de l'Inévitable Nécessité n'a pas été coupée. »

LORS je la regardai et je vis dans ses yeux la patience terrible des siècles; la terre était humide de ses pleurs et le souffle de ses narines faisait tourbillonner le sable.

Je dis : « A-t-elle jamais essayé de bouger? »

Il dit : « Quelquefois un membre frissonne. Mais elle est sage, elle sait qu'elle ne peut se lever avec le fardeau sur elle. »

Je dis : « Pourquoi celui qui se tient à ses côtés ne peut-il la laisser et partir ? »

Il dit : « Il ne peut pas, regarde. »

Et je vis une large main passant sur la terre, allant de l'un à l'autre, et qui les reliait entre eux.

Il dit : « Tandis qu'elle est étendue là, lui doit rester debout et scruter le désert. »

Je dis : « Sait-il pourquoi il ne peut bouger? »

Et il répondit : « Non. »

Et j'entendis un son comme un craquement; je regardai et je vis la ceinture qui tenait le fardeau brisée en deux, et le fardeau roula à terre.

Je dis : « Qu'est ceci? »

Il dit : « L'Age de la Force Musculaire est mort. L'Age de la Force Nerveuse l'a tué avec le couteau qu'il tient dans sa main : silencieux et invincible, il a rampé jusqu'à la femme et, avec le couteau de l'invention mécanique, il a coupé le lien qui tenait le fardeau sur son dos. L'Inévitable Nécessité est brisée. A présent elle pourrait se lever. »

Je vis qu'elle était encore là immobile, sur le sable, les yeux ouverts et le cou tendu. Elle semblait chercher aux confins du désert quelque chose qui ne venait pas.

Je me demandai si elle était endormie ou éveillée. Comme je la regardais son corps frissonna et une lueur lui vint dans le regard, comme lorsqu'un arc-en-ciel entre dans une chambre obscure

Je dis : « Qu'est-ce? »

Il murmura : « Chut! Cette pensée lui est venue : Puis-je me lever? »

E REGARDAI. Elle leva la tête et je vis le creux où son cou avait reposé depuis si longtemps. Elle regarda la terre, et elle regarda le ciel, et elle regarda celui qui était auprès d'elle : mais il fixait au loin le désert.

Et je vis son corps frémir; elle pressa ses deux genoux contre la terre, et ses veines saillirent.

Je criai : « Elle va se relever! »

Mais ses côtes seules se soulevèrent et elle resta là où elle était.

Cependant sa tête demeurait dressée; elle ne la rabaissa pas. Celui qui était auprès de moi me dit : « Elle est très faible. Vois, ses jambes ont depuis tant d'années été ployées sous elle! »

Je vis la forme humaine se débattre et les gouttes de sueur perler à son front.

Je dis : « Sûrement celui qui se tient auprès d'elle va l'aider. »

Celui qui était près de moi me répondit. « Il ne peut pas l'aider. Il faut qu'elle s'aide elle-même; qu'elle lutte jusqu'à ce qu'elle devienne forte. »

Je m'écriai : « Du moins qu'il ne l'en empêche pas ! regarde, il s'éloigne d'elle et resserre le lien qui les unit et il l'entraîne avec lui. »

Il répondit : « Il ne comprend pas. En bougeant, elle tire sur le lien qui les unit, cela lui fait mal et il s'éloigne d'elle. Le jour viendra où il comprendra et saura ce qu'elle fait. Qu'elle chancelle seulement sur ses genoux, et il restera près d'elle et la regardera avec sympathie. »

Elle allongea le cou et les gouttes de sueur tombèrent. La femme se souleva à un pouce de la terre, puis retomba en arrière. Je m'écriai : « Oh ! elle est trop faible ! elle ne peut pas marcher ! les longues années lui ont pris toute sa force. Pourra-t-elle jamais se mouvoir ? »

Et il me répondit : « Vois la lumière dans ses yeux ! »

Lentement, et en chancelant, la femme se dressa sur ses genoux.

E ME réveillai : De l'Est à l'Ouest, la terre aride s'étendait avec les broussailles sèches. Les fourmis couraient çà et là, montaient et descendaient sur le sable rouge, et la chaleur était intense. Je regardai au travers des fines branches d'arbres le ciel bleu. Je m'étirai et je songeai au rêve que je venais d'avoir. Je me rendormis de nouveau avec ma tête sur la selle de mon cheval, et dans la terrible chaleur j'eus un autre rêve.

Je vis un désert et je vis une femme qui en sortait.

6

LLE vint jusqu'au bord d'une sombre rivière; la rive en était roide et haute[1].

Elle y rencontra un vieillard qui avait une longue barbe blanche, et en main un bâton noueux sur lequel était inscrit ce mot : « Raison ».

Il lui demanda ce qu'elle voulait.

Elle lui répondit : « Je suis la femme et je cherche le pays de la Liberté. »

Il répondit : « Il est devant toi. »

Elle dit : « Devant moi, je ne vois rien qu'une sombre rivière, une berge escarpée, puis ici et là quelques tranchées pleines de sable lourd.

— Et au delà? » dit-il.

Elle répondit : « Je ne vois rien, mais cependant de temps en temps, lorsque j'ombrage mes yeux de ma main, je crois voir sur la rive la plus lointaine des arbres et des collines, sur lesquels le soleil brille. »

Il dit : « C'est là qu'est le pays de la Liberté.

— Comment puis-je y arriver? » dit-elle.

Il répondit : « Un seul chemin y conduit. Il faut descendre le long de la berge du Travail, à travers les eaux de la Souffrance. Il n'y a pas d'autre route.

— N'y a-t-il pas de pont? » dit-elle.

Il répondit : « Aucun.

— L'eau est-elle profonde? » dit-elle.

Il répondit : « Très profonde.

— La Terre est-elle minée? » dit-elle.

1. Les rives des rivières d'Afrique ont souvent 100 pieds de haut et consistent en dunes de sable mouvant, à travers lesquelles, au cours des ans, la rivière a creusé son lit gigantesque.

Il dit : « Elle l'est. Ton pied peut glisser et tu peux te perdre.

— Y en a-t-il qui ont déjà fait cette traversée? » dit-elle.

Il dit : « Quelques-uns ont *essayé*.

— Y a-t-il un sentier tracé à l'endroit où la traversée est la meilleure? » dit-elle.

Il dit : « Il faut le faire soi-même. »

Elle ombragea ses yeux de sa main et elle dit : « J'irai. »

Il dit : « Il te faudra quitter les vêtements que tu portais au désert : quiconque les garde est entraîné par eux au fond de l'eau. »

LLE enleva avec joie le manteau des Opinions anciennement admises qu'elle portait, car il était usé et plein de trous. Elle ôta sa ceinture de sa taille, celle qu'elle avait gardée si longtemps comme un trésor, et les mites s'en échappèrent en nuage.

Il dit : « Ote à présent de tes pieds les souliers de la Dépendance. »

Elle se tint debout n'ayant plus qu'un vêtement blanc, serré contre elle.

Il dit : « Tu peux le garder. On peut porter un vêtement semblable dans le pays de la Liberté. Il flotte sur l'eau et surnage toujours. »

Et je vis, tracé sur la poitrine, ce mot : « Vérité ». Ce vêtement était blanc; le soleil ne l'avait pas souvent touché de ses rayons; les autres vêtements l'avaient recouvert.

Le vieillard dit : « Prends ce bâton; tiens-le bien. Le jour où il glissera de ta main, tu seras perdue. Sers-t'en comme d'un guide pour t'aider à trouver ton chemin : là où il n'atteindra pas le fond, ne mets pas le pied. »

Elle dit : « Je suis prête, laisse-moi partir. »

Et il dit : « Non, attends. Qu'as-tu sur ton sein? »

Elle demeura silencieuse.

Il dit : « Laisse-moi voir ce que c'est. »

LLE ouvrit son vêtement. Contre sa poitrine était une petite créature qui se nourrissait de son lait; le front aux boucles blondes se posait contre son sein; les genoux étaient repliés vers elle et il tenait la poitrine de la femme serrée avec ses petites mains.

La Raison demanda : « Qui est-il et que fait-il là? »

Et elle dit : « Vois ses petites ailes. »

La Raison dit : « Mets-le à terre.

— Il dort et il boit, murmura-t-elle. Je l'emporterai jusqu'au pays de la Liberté. Il est enfant depuis si longtemps, et depuis si longtemps je le porte. Dans le pays de la Liberté il deviendra homme. Nous marcherons alors ensemble et ses grandes ailes blanches m'ombrageront. Dans le désert, il ne me balbutiait qu'un seul mot : « Passion! » J'ai rêvé qu'il puisse dans cet autre pays dire « Amitié! »

La Raison dit : « Mets-le à terre. »

Elle dit : « Je ne le porterai que sur un bras et avec l'autre je me frayerai un chemin à travers la rivière. »

Il répéta : « Mets-le à terre. Quand tu seras au milieu de l'eau, tu oublieras de te débattre, tu ne penseras qu'à lui. Mets-le à terre, il ne mourra pas. Quand il verra que tu l'as laissé seul, il ouvrira ses ailes et s'envolera. Il sera avant toi dans le pays de la Liberté. La première chose que verront ceux qui arriveront au pays de la Liberté, sera la main de l'Amour étendue pour les aider à monter.

O·CARLOS SCHWAB

Il sera un homme, non un enfant. Sur ta poitrine, il ne saurait prospérer; mets-le à terre, qu'il puisse grandir. »

Elle enleva la petite bouche de son sein; il la mordit et le sang coula jusqu'à terre. Elle posa l'enfant sur le sable et couvrit sa blessure. Elle se baissa et lui caressa les ailes.

Je vis que ses cheveux sur son front étaient devenus blancs comme neige, et que sa jeunesse s'en était allée.

Elle se tenait loin de la berge de la rivière et elle disait : « Pourquoi irais-je dans ce pays lointain où personne n'est jamais arrivé? Oh! je suis seule, je suis complètement seule ! »

La Vieille Raison lui dit : « Silence ! Qu'entends-tu? »

LLE écouta attentivement et elle dit : « J'entends un bruit de pas, mille et dix mille fois mille pas, et ils viennent de ce côté ! »

Il dit : « Ce sont les pas de ceux qui te suivront. Marche en avant! Trace la voie qui mènera au bord de l'eau! Là où tu te tiens à présent, la terre sera foulée par dix mille fois dix mille fois dix mille pas. Il ajouta : As-tu vu comment les sauterelles traversent une rivière? La première commence à aller jusqu'au bord de l'eau, elle est balayée au loin. Alors une autre vient, puis une autre et une autre encore, jusqu'au moment où leurs corps amoncelés les uns sur les autres forment un pont sur lequel toutes peuvent traverser. »

Elle dit : « Quelques-uns de ceux qui arrivent les premiers sont souvent balayés au loin et on n'entend plus parler d'eux; leurs corps ne servent pas même à construire le pont.

— S'ils sont balayés au loin, si l'on n'entend plus parler d'eux, quelle importance cela a-t-il?

— Oui, quelle importance? dit-elle.

— Ils font un chemin jusqu'au bord de l'eau.

— Ils font un chemin jusqu'au bord de l'eau, reprit-elle. Sur ce pont qui sera construit avec nos corps, qui passera? »

Il dit : « L'humanité tout entière. » Et la femme étreignit son bâton dans sa main et je la vis qui prenait le sombre chemin jusqu'à la rivière.

E ME réveillai; tout autour de moi flottait la lumière dorée de l'après-midi : le soleil couchant faisait encore briller les tiges des arbres à lait, mon cheval à mes côtés broutait paisiblement. Je me soulevai sur le côté et je regardai les fourmis courant par milliers dans le sable rouge. Je pensai que le moment était venu de reprendre ma route, l'après-midi étant plus frais. Alors un engourdissement me vainquit, je laissai tomber ma tête et je me rendormis.

Et je rêvai un rêve.

Il me semblait voir un pays. Sur ses collines, des hommes et des femmes marchaient, bravement et la main dans la main. Ils se regardaient sans crainte. Je vis que les femmes, elles aussi, se tenaient par la main.

Je demandai à celui qui était près de moi : « Quel est ce pays? »

Il dit : « C'est le Ciel. »

Je dis : « Où est-il! »

Il répondit : « Sur terre. »

Je dis : « Quand ces choses arriveront-elles? »

Et il répondit : « Dans l'avenir. »

E ME réveillai. Tout autour de moi était la lumière du couchant. Sur les collines basses, les rayons du soleil reposaient et une délicieuse fraîcheur se répandait sur toutes les choses; les fourmis rentraient lentement à leurs demeures souterraines.

J'allai vers mon cheval qui pâturait tranquillement. Alors le soleil se coucha derrière les collines, mais je savais que le lendemain il se lèverait de nouveau.

Les Jardins du plaisir

LLE marchait sur les parterres et un parfum doux et puissant s'en échappait et elle récoltait des fleurs à pleines mains. Alors le Devoir, à la figure claire et blanche, vint et la regarda. Elle s'arrêta de cueillir et s'éloigna parmi les fleurs, souriant et les mains pleines.

Et le Devoir, avec son calme et blanc visage, revint et la regarda; mais elle se détourna de lui. Enfin elle rencontra son regard et, laissant tomber la plus belle des fleurs qu'elle tenait, silencieusement elle s'en alla.

Alors il revint encore vers elle. Et elle gémit, courba la tête et s'en revint vers la grille. Comme elle sortait, elle se retourna pour voir le soleil sur les fleurs et d'angoisse elle pleura. Elle passa la grille et celle-ci pour jamais se referma derrière elle. Mais elle tenait encore dans sa main quelques fleurs en boutons qu'elle avait cueillies et le parfum en était très doux dans le désert solitaire.

Cependant il la suivit. Une fois de plus il se tint devant elle avec sa face sereine comme celle de la mort !

Elle savait pourquoi il était venu : elle ouvrit ses doigts et laissa tomber les fleurs, les fleurs qu'elle avait tant aimées; puis elle continua sa route avec des yeux secs et douloureux. Alors il revint pour la dernière fois. Et elle lui montra ses mains vides, ses mains qui à présent ne tenaient plus rien. Mais il regardait toujours.

Alors, après un long moment, elle prit de son sein une petite fleur qu'elle y avait cachée, et la posa sur le sable. Maintenant elle n'avait plus rien à donner; elle s'en alla et le sable gris tournoyait autour d'elle.

O - CARLOS SCHWAB

Dans une Chapelle en ruines

(Je ne puis pardonner, j'aime.)

 UATRE murs nus ; et sur ces murs un Christ, en rouge, portant sa croix ; un Bambino dont la figure est presque effacée ; une Vierge rouge et bleue, des soldats romains, un autre Christ, les mains liées. Tout le toit a disparu, au-dessus de lui il n'y a que le ciel, le beau ciel bleu d'Italie ; la pluie a raviné les murailles et le plâtre s'effrite. La chapelle se dresse seule au haut du promontoire, jour après

jour battue des flots. Certains disent qu'elle a été élevée là par les moines de l'Ile au-dessous d'elle pour y mettre leurs malades. D'autres prétendent qu'elle fut bâtie par les religieux errants afin qu'ils puissent s'y arrêter pour y dire leurs oraisons.

A présent plus personne ne vient y prier et on n'y voit plus de malades venant s'y faire guérir.

Derrière la chapelle est la vieille voie romaine. Si vous la gravissez seul par une chaude journée d'été, il vous semblera entendre le cliquetis des soldats romains sur les pavés de la route, ou bien, assis au soleil, vous évoquerez les bruits d'un temps plus vieux encore, quand Annibal et ses hommes se frayaient un passage à travers la brousse, et qu'il n'y avait pas de chemin tracé.

A présent c'est un lieu très calme. Quelquefois une jeune paysanne y passe sur son mulet, assise entre deux paniers, et le pas de l'animal résonne sur l'argile du pavé ; ou bien c'est une vieille femme tenant sur la tête une charge d'herbes sèches, un homme à face de brigand, qui se hâte, un faisceau de pieux à la main. Mais en général la chapelle se dresse solitaire sur le promontoire, entre les deux baies, écoutant la mer qui déferle à ses pieds.

E suis venue ici un jour d'hiver quand le soleil de midi brillait chaud sur les briques de la route romaine. J'étais fatiguée et le chemin m'avait semblé roide. J'entrai dans la chapelle, j'allai jusqu'à la fenêtre brisée et je regardai au loin la baie. Très loin, au delà de la mer toute bleue, il y avait des villes et des villages, petits points rouges et blancs, accrochés au flanc de la montagne. Les collines bleues semblaient se fondre dans le ciel, puis subitement se précisaient.

Elles semblaient m'appeler ; mais je savais que jamais aucun pont ne s'élèverait d'elles à moi, jamais, jamais! J'ombrageai mes yeux de ma main et je me détournai. Je ne pouvais pas supporter de les regarder plus longtemps.

Je marchai dans la chapelle ruinée et je regardai le Christ vêtu de rouge, portant sa croix, le Bambino presque effacé, les soldats romains, le roseau, les mains liées; puis j'allai m'asseoir sur une pierre dans l'ombre du porche béant. A mes pieds était la petite baie avec sa ceinture de maisons blanches, ensevelies sous les oliviers; la mer se brisait le long de la plage, en une ligne étroite et blanche d'écume; je posai mes coudes sur mes genoux, je me sentais si fatiguée, ma lassitude semblait venir de plus loin que la chaleur du jour et que les rayons du soleil sur les briques de la voie romaine; je posai ma tête sur mes genoux; j'entendis la mer battre les récifs à 3oo pieds au-dessous de moi, le bruissement du vent dans les oliviers et au travers des arches en ruines. Je m'endormis et j'eus un rêve.

N homme implora le secours de Dieu, et Dieu envoya un de ses anges à son aide; mais l'ange revint en disant : « Je ne puis pas aider cet homme. »

Dieu dit : « Pourquoi? »

Et l'ange répondit : « Il ne fait que crier : « Un de mes « frères a eu des torts envers moi. Je voudrais pardonner, je ne le puis. »

Dieu demanda : « Qu'as-tu fait pour lui? »

L'ange répondit : « Tout. » Je l'ai pris par la main et je lui ai dit : « Écoute et quand tu entendras dire du mal de celui qui t'a blessé, dis-en du bien; sers-le en secret et sans qu'il s'en aperçoive; si tu tiens particulièrement à quelque chose, partage-le avec lui, et ainsi en le servant tu le sentiras tien et tu lui pardonneras! L'homme dit : Je le ferai! » Plus tard, comme je passais dans l'ombre de la nuit, j'entendis quelqu'un qui criait: « J'ai tout fait, mais c'est en vain. Dire du bien de lui ne m'apporte aucun soulagement. Lors même que je partagerais avec lui le sang de mon cœur, en sentirais-je moins la brûlure? Et je ne puis pardonner. O Dieu! je ne puis pardonner !

Je lui dis : « Interroge ton passé, vois combien d'erreurs, combien de petitesses, depuis ton enfance ont été tiennes; regarde-les attentivement à cette lumière, ne reconnais-tu pas en tout homme ton frère? Es-tu toi-même sans péché, pour avoir le droit de haïr? »

Il me regarda et dit : « Oui, tu as raison; moi aussi j'ai failli, je n'en veux plus à mon frère. Va, je suis satisfait; j'ai pardonné. » Apaisé, il s'assit, croisa ses bras sur sa poitrine et je crus que la quiétude était tombée dans son âme. Mais à peine mes ailes avaient-elles frissonné, à peine allais-je prendre mon vol que de nouveau j'entendis quelqu'un crier sur la terre : « Je ne puis pardonner! O Dieu! je ne puis pardonner ! Il vaut mieux mourir que haïr! Pardonner m'est impossible ! ».

Je me tins debout devant sa porte, dans l'ombre et je l'entendis crier : « Je n'ai pas péché ainsi, non, pas ainsi! Alors même que j'ai pu blesser si peu que ce soit mon frère, je me suis agenouillé à ses pieds et j'ai baisé la plaie jusqu'à ce qu'elle soit guérie. Je n'ai jamais souhaité qu'une âme se perde pour m'avoir haï. Si quelques-uns ont pensé que je leur ai fait du tort, je me suis prosterné devant eux afin qu'ils puissent me fouler aux pieds et qu'en voyant mon humiliation ils me pardonnent et que leur haine ne soit point leur mort. Eux ne se sont point soucié de la perte de mon âme; ils n'ont rien fait pour me sauver; ils ne m'ont pas facilité la tâche de leur pardonner! »

Je lui dis : « Sois content, ne pardonne pas, oublie ton âme et le mal qu'elle subit; poursuis ton chemin, peut-être que dans un autre monde.... »

O·CARLOS SCHWAB

Il cria : « Éloigne-toi de moi, tu ne comprends rien! Qu'est pour moi un autre monde! C'est dans celui-ci, aujourd'hui même que je suis perdu! Je ne peux plus voir briller le soleil, la poussière emplit ma gorge, le sable emplit mes yeux! Éloigne-toi de moi, tu ne sais rien! Oh! une fois avant de mourir voir encore la magnificence de mon Dieu! Non, rien, je ne puis vivre sans aimer, vivre en haïssant mon Dieu! Mon Dieu! »

Je le laissai pleurant et m'en revins.

Dieu dit : « Il faut que l'âme de cet homme soit sauvée. »

L'ange répondit : « Comment? »

Dieu dit : « Redescends et sauve-la. »

L'ange dit : « Que ferai-je de plus? »

Dieu lui parla tout bas et l'ange étendant ses ailes redescendit vers la terre.

E ME réveillai à demi assise sur la pierre brisée avec ma tête sur mes genoux ; mais j'étais trop lasse pour me lever. J'entendais bruire le vent à travers les oliviers et sous les voûtes de la chapelle ; puis, de nouveau, je me rendormis.

L'ange redescendit sur la terre, vers l'homme au cœur plein d'amertume. Il le prit par la main et le conduisit dans un lieu choisi.

L'homme ne savait pas où l'ange le conduisait, ni ce qu'il voulait lui montrer. Lorsqu'ils arrivèrent à cette place, l'ange mit son aile devant les yeux de l'homme et, quand il l'écartait un peu, celui-ci pouvait voir un petit coin de la terre devant lui.

Or, Dieu avait donné à l'ange le pouvoir de mettre à nu une âme humaine, de lui enlever ses attributs extérieurs de forme, de couleur, d'âge et de sexe,

9

tout ce qui fait qu'un être n'est point semblable à un autre et le différencie d'entre ses frères. Cette âme était là devant eux, dépouillée comme celle d'un homme qui, regardant en lui-même, interroge sa conscience.

Ils virent son passé, son enfance, sa vie fragile encore, couverte de rosée, sa jeunesse, rosée fondue. Ils virent la petite créature ouvrir la bouche pour boire à une coupe trop grande pour elle, l'eau se répandre sur la terre; ils virent ses espoirs, jamais réalisés; ils virent ses heures d'aveuglement, que les hommes nomment péché; ils virent ses heures de connaissance radieuse, que les hommes appellent justice; ils virent ses heures de force quand, dressée debout elle criait : « Je suis omnipotente! » ils virent ses heures de faiblesse quand elle tomba sur le sol n'étreignant que de la poussière; ils virent ce qu'elle aurait pu être, ce qu'elle ne serait jamais.

L'homme fit un pas en avant.

Et l'ange dit : « Qu'est-ce? »

Il répondit : « C'est moi ! moi-même! »

Et il se pencha vers cette âme comme s'il eût voulu la serrer sur son cœur; mais l'ange le retint et lui couvrit les yeux.

Dieu lui avait aussi donné le pouvoir de retirer de cette âme tous les attributs extérieurs de temps, d'espace et de circonstance, par lesquelles la vie individuelle est séparée de la vie totale.

'ANGE découvrit encore une fois les yeux de l'homme et celui-ci put voir à nouveau :

Il vit ce qui, dans une petite goutte, reflète tout l'univers; ce qui marque l'étape de la plus lointaine étoile, et sait comment le cristal évolue, là où nul œil ne peut le voir; il vit ce qui est, où le germe commence à vivre dans l'œuf; ce qui fait mouvoir les petits doigts de l'enfant nouveau-né et tourne vers le ciel l'extrémité des feuilles d'arbre, ce qui vogue avec la méduse quand elle flotte solitaire sur les flots ensoleillés; ce qui croît là où le lichen se forme sur les roches des montagnes.

L'homme regardait toujours. Et l'ange le toucha de l'aile.

L'homme baissa la tête et tressaillit. Il murmura : « C'est Dieu! »

Une fois encore l'ange recouvrit les yeux de l'homme et, quand il les eut découverts, celui-ci vit un être humain marchant à quelques pas de lui, car l'ange avait revêtu l'âme de sa forme extérieure et l'homme sut qui elle était.

L'ange dit : « Le reconnais-tu ? »

L'homme répondit : « Je le reconnais ». Et il le suivit du regard.

L'ange dit : « Lui as-tu pardonné ? »

Mais l'homme murmura : « Combien beau est mon frère! »

Et l'ange regarda les yeux de celui qui avait parlé. Leur clarté était si grande qu'il fut obligé d'ombrager sa propre figure de son aile. Il sourit et remonta vers Dieu.

Les deux hommes s'en allèrent ensemble sur la terre.

Je me réveillai.

E CIEL tout bleu était au-dessus de ma tête, et les vagues se brisaient sur la plage à mes pieds. J'errai au travers de la chapelle, je vis la madone bleue et rouge, le Christ portant sa croix, les soldats romains avec la poignée de verges et le Bambino à la figure à demi effacée; alors je descendis la pente des rochers jusqu'au chemin de briques. Les oliviers encadraient la route; leurs baies noires et leurs feuilles d'un vert pâle se détachaient contre le ciel; les petites plantes grasses pendaient des crevasses du mur de pierres. Il me semblait que pendant mon sommeil il avait dû pleuvoir. Je n'avais encore jamais vu le ciel et la terre si beaux. Je redescendis la route. Toute l'ancienne fatigue s'en était allée.

A CE moment un jeune paysan venait par le sentier. Il conduisait un âne portant deux grands paniers et il me dépassa descendant sur la route. Je ne l'avais jamais vu auparavant, mais j'aurais aimé marcher près de lui et le prendre par la main. Seulement il n'aurait pas su pourquoi.

Un rêve d'Abeilles sauvages

UNE mère était assise seule à une fenêtre ouverte. L'air chaud d'un après-midi d'été, les voix des enfants jouant sous l'acacia montaient ensemble jusqu'à elle. Par la fenêtre entraient et sortaient les abeilles, les abeilles sauvages avec leurs longues jambes, toutes jaunes de pollen. Elles allaient et venaient de l'acacia à la chambre sans cesse de bourdonner.

 A mère était assise sur une chaise basse devant la table et reprisait. Elle prit son ouvrage du grand panier près d'elle : une partie des vêtements qu'elle raccommodait était étendue sur ses genoux, recouvrant à moitié le livre qui y reposait. Elle suivait des yeux son aiguille entrant et ressortant de l'étoffe; le chant monotone des abeilles, le bruit des voix d'enfants lui venaient en un murmure confus : elle travaillait de plus en plus lentement.

Les abeilles aux longues jambes de guêpes et qui ne font pas de miel, volèrent en bourdonnant toujours plus près de sa tête.

Alors elle s'engourdit peu à peu; elle posa sa main tenant encore le bas qu'elle reprisait sur le bord de la table et y laissa retomber sa tête.

Les voix des enfants au dehors semblaient venir du fond d'un rêve, tantôt proches, tantôt lointaines; puis elle ne les entendit plus, mais elle sentait sous son cœur reposer le neuvième enfant.

Penchée en avant, endormie, les abeilles effleuraient sa tête de leur vol, elle eut une vision étrange.

 L lui sembla que les abeilles s'allongeaient de plus en plus et puis se transformaient en créatures humaines qui tournaient autour d'elle. L'une doucement vint à elle et lui dit : « Laisse-moi poser ma main sur ton côté, là où l'enfant dort. Si je le touche, il sera semblable à moi. »

Elle demanda : « Qui es-tu? »

Celle qui parlait répondit : « Je suis la Santé. Celui que je touche sentira un sang rouge danser dans ses veines; il ne connaîtra ni la fatigue, ni la souffrance; la vie rira auprès de lui.

— Moi, dit une autre, laisse-moi plutôt le toucher, car je suis la Richesse ; il n'aura pas à s'occuper des soins matériels, il vivra s'il lui plaît du sang et des muscles des hommes, ses frères ; ce que ses yeux désireront, sa main le possédera. Il ne connaîtra pas cette chose : le Besoin ».

'ENFANT reposait immobile comme du plomb.

Une autre dit :

« Laisse-moi le toucher, je suis la Gloire. Celui que je touche, je le mène sur une montagne si haute que tous les hommes le voient. Mort, il n'est pas oublié, son nom résonne de siècle en siècle, et chaque génération le transmet à la suivante. Songe à cela : Ne pas être oublié d'âge en âge ! »

A MÈRE respirait doucement dans son sommeil ; mais les visions de son rêve s'approchaient toujours plus d'elle.

« Laisse-moi toucher l'enfant, dit l'une, car je suis l'Amour. Si je le touche, il ne marchera pas seul dans la vie. Au travers des plus grandes ténèbres, quand il tendra les bras, il rencontrera une main près de lui. Quand le monde s'élèvera contre lui, quelqu'un lui dira : Toi et Moi ! »

Et l'enfant tressaillit.

Mais une autre s'approcha et dit : « Laisse-moi le toucher, car je suis le Talent. Je puis faire toute chose qui a été faite avant moi. Je suis avec ceux qui triomphent : le soldat, l'homme d'État, le penseur, avec l'écrivain, dont l'œuvre

10

est née à l'heure propice. Si je touche l'enfant, il ne pleurera pas d'avoir connu la défaite. »

ES abeilles continuaient à voler autour de la tête de la mère, la frôlant de leurs longues antennes.

ANS son rêve, elle vit s'avancer hors de l'ombre de la chambre un être à la face blême, tourmentée, aux joues creuses. Sa bouche, s'efforçant de sourire, tremblait. Il étendit la main.

La mère recula s'écriant : « Qui es-tu? »

Il demeura silencieux; elle le regarda dans les yeux et lui dit : « Que peux-tu donner à l'enfant? La Santé? »

Il répondit : « L'homme que je touche s'éveille avec une fièvre brûlante, dont le feu desséchera le sang. Le mal que je lui donnerai durera autant que sa vie.

— Lui apportes-tu la Richesse ? »

Il secoua la tête. « Quand l'homme que je touche se baisse pour ramasser de l'or, il voit souvent au-dessus de sa tête une lueur dans le ciel; pendant qu'il la regarde, l'or glisse entre ses doigts, ou bien un passant le lui prend.

— Es-tu la Gloire? »

Il répondit : « Je ne crois pas. L'homme que je touche devra suivre un chemin tracé sur le sable par un doigt invisible, une route que nul autre ne voit.

O·CARLOS SCHWAB

Quelquefois ce chemin monte droit au sommet; d'autres fois il se détourne subitement vers la vallée.

— Est-ce l'Amour? »

Il répondit : « L'homme que je touche aura soif d'un amour qu'il ne trouvera pas. Quand il étendra ses bras pour le prendre, quand il voudra reposer sa tête sur la poitrine d'un être aimé, il verra à l'horizon briller une lueur. Il lui faudra aller vers elle. Celui qui l'aimera ne pourra l'accompagner; mais il devra voyager seul. Quand il pressera son amour contre son cœur brûlant en s'écriant : « Tu es à moi! » il entendra la voix du renoncement lui dire : « Non ».

— Réussira-il?

— Il ne réussira pas. Sur la route où il marchera avec d'autres, ceux-ci atteindront le but avant lui, car d'étranges voix lui parleront, d'étranges lumières l'appelleront, si bien qu'il s'arrêtera pour écouter. Et, plus prodigieux encore, au delà des sables brûlants, là où pour les autres hommes s'étend le vaste désert, il verra, lui, une mer toute bleue! la mer sur laquelle le soleil brille éternellement, dont les rayons ont la couleur de l'améthyste ardente, dont l'écume est blanche sur la plage. De hauts sommets s'en élèvent; et, sur la cime des montagnes, il verra briller l'or. »

La mère demanda : « L'atteindra-t-il?

— Jamais », dit le visiteur mystérieux, et il sourit.

Elle reprit : « L'or est-il réel?

— Qu'est-ce qui est réel? » dit-il.

Elle le regarda entre les cils de ses paupières et murmura : « Touche-le ».

Il se pencha vers elle, posa la main sur le petit dormeur et il lui parla tout bas; elle n'entendit que ces paroles : « Ceci sera ta récompense, que l'Idéal te sera une Réalité. »

 LORS l'enfant tressaillit; la mère dormait très profondément et sa vision s'évanouit. Mais, en elle le petit être à naître qui reposait eut un rêve. Dans ces yeux qui n'avaient jamais vu le jour, dans ce cerveau à peine formé, il y eut une sensation de lumière qu'il n'avait jamais vue, qu'il ne verrait peut-être jamais, lumière qui était ailleurs !

Et déjà il avait sa récompense : l'Idéal lui était une Réalité.

Les Dons de la Vie

 E vis une femme qui dormait. Dans son sommeil elle rêva que la Vie était devant elle, tenant dans chacune de ses mains un don : dans l'une l'Amour, dans l'autre la Liberté. Et elle dit à la femme : « Choisis ! »

La femme hésita longtemps, puis répondit : « La Liberté ! »

La Vie lui dit : « Tu as bien choisi. Si tu avais demandé l'Amour, je te

J'aurais donné selon ton désir, mais je serais partie loin de toi et ne serais plus revenue, tandis qu'à présent un jour viendra où tu me reverras à tes côtés ; ce jour-là, je t'apporterai les deux dons dans une seule main. »

Et j'entendis la femme rire dans son sommeil.

·O·CARLOS·SCHWAB·

Le Secret de l'Artiste

L y avait une fois un artiste qui peignait un tableau. D'autres artistes avaient des tons plus riches et plus rares que les siens ; leurs toiles avaient plus de prix. Lui n'employait qu'une seule couleur, mais elle donnait à son œuvre une lueur rouge, merveilleuse. Et tous ceux qui l'avaient vue s'en retournaient en disant : « Nous aimons ce tableau, nous aimons ce beau reflet. »

D'autres artistes vinrent et s'informèrent : « D'où peut-il bien avoir cette belle couleur ! »

Ils le lui demandèrent ; mais lui sourit et répondit : « Je ne peux pas vous le dire. » Et il continua à travailler, courbant de plus en plus la tête.

L'un alla jusqu'en Orient, y acheta de coûteuses essences, en fit une précieuse couleur et peignit. Mais après quelque temps le tableau se mit à pâlir.

Un autre, s'inspirant des vieux livres, composa une teinte riche et rare, mais lorsqu'il voulut s'en servir, elle n'avait plus aucun éclat.

L'artiste continuait à peindre. Le reflet pourpre sur sa toile s'accentuait de plus en plus, tandis que son visage à lui devenait de plus en plus pâle. Enfin, un jour, on le trouva mort devant son tableau ; et on le prit pour l'enterrer. Ses confrères cherchèrent en vain sur ses palettes, dans ses creusets ; ils n'y trouvèrent rien qu'ils ne possédassent déjà.

Quand on le déshabilla pour lui mettre ses vêtements funèbres, on vit qu'il avait au-dessus de son sein gauche la marque d'une blessure ; c'était une très vieille blessure qui avait dû être là toute sa vie, car les bords en étaient durcis ; mais la mort, qui scelle toutes choses, les avait rapprochés et cicatrisé la plaie.

On l'enterra ; et les gens se disaient encore l'un à l'autre : « Où avait-il pris cette couleur? »

Or, il arriva qu'au bout d'un temps l'artiste fut oublié ; mais son Œuvre demeura.

12

Dans un Pays lointain

ANS une des lointaines étoiles il se trouve un monde, et les choses qui se passent là-haut ne sont pas les mêmes qu'ici-bas.

Dans ce monde étaient un homme et une femme; un même travail les unissait et, pendant bien des jours, ils avaient marché côte à côte; ils étaient amis, et nous voyons aussi cela de temps en temps dans ce monde-ci.

Mais il y avait quelque chose dans ce pays des étoiles qu'il n'y a pas ici.

Il y avait un bois épais : et là où les arbres étaient le plus touffus, où les racines s'entre-croisaient et où jamais le soleil ne brillait, se trouvait un sanctuaire. Pendant le jour tout y était tranquille; mais la nuit, quand les étoiles brillaient, et quand la lune luisait sur la cime des arbres et que tout était silencieux, si quelqu'un s'approchait, en rampant, solitaire, s'il s'agenouillait sur les marches de pierre de l'autel, découvrant sa poitrine blessée de telle sorte que son sang se répandît sur les degrés, quel que fût son souhait, celui qui se prosternait là le voyait exaucé. Et tout ceci arrive, comme je l'ai dit, parce que c'est dans un monde lointain et que les choses ne s'y passent pas comme elles se passent ici-bas....

R, l'homme et la femme marchaient ensemble; et la femme désirait le bien de l'homme. Une nuit que la lune brillait de telle sorte que toutes les feuilles des arbres s'en trouvaient illuminées et que les vagues de la mer étaient d'argent, la femme s'en alla seule vers la forêt. Il y faisait sombre; la lune ne projetait qu'une faible lueur sur les feuilles mortes à ses pieds, et les rameaux se nouaient au-dessus d'elle. Plus loin, il fit plus sombre encore; il n'y avait plus le moindre rayon de lune. Enfin elle arriva au sanctuaire; elle s'agenouilla et pria; mais elle n'obtint point de réponse. Alors elle découvrit sa poitrine; avec une pierre tranchante qui se trouvait là elle se blessa. Les gouttes de sang coulèrent lentement sur la pierre et une voix cria : « Que veux-tu? »

Elle répondit : « Je connais un homme, il est pour moi plus que tout au monde, je voudrais lui donner la meilleure de toutes les bénédictions. »

La voix dit : « Quelle est-elle? »

La jeune fille répondit : « Je ne sais, mais je voudrais qu'il ait ce qu'il y a de meilleur pour lui. »

La voix dit : « Ta prière est exaucée : il aura ce que tu demandes. »

Alors elle se releva, elle se couvrit la poitrine, tint son vêtement serré contre elle et s'enfuit hors de la forêt ; les feuilles sèches voltigeaient sous ses pas.

u DELA, dans le clair de lune, l'air était léger et le sable brillait sur la berge. Elle courut sur la plage lisse et subitement elle s'arrêta. Au loin, sur l'eau, quelque chose bougeait. Elle ombragea de sa main ses yeux et regarda. C'était un bateau ; il glissait rapidement sur l'eau éclairée par la lune et voguait vers la pleine mer. Un homme s'y tenait debout ; la lune ne permettait pas de distinguer son visage, elle reconnut sa silhouette ; mais le navire passait vite. Il lui sembla que personne ne le faisait avancer ; le reflet de la lune ne lui permettait pas de voir clairement, et le bateau était loin du rivage, mais il lui sembla que quelqu'un d'autre était encore assis à l'arrière. De plus en plus vite il glissait sur l'eau, toujours plus loin. Elle courut le long de la plage, mais elle ne put pas s'en approcher. Le vêtement qu'elle avait tenu serré contre elle s'ouvrit ; elle tendit les bras et la lune brilla sur ses longs cheveux flottants.

LORS une voix près d'elle murmura : « Qu'as-tu ? »

Elle s'écria : « De mon sang je lui ai acheté le plus beau de tous les dons. Je viens le lui apporter ! et il s'éloigne de moi ! »

La voix doucement murmura : « Ta prière a été exaucée, la bénédiction que tu demandais pour lui, il l'a reçue. »

13

Elle s'écria : « Qu'était-ce ? »

La voix répondit : « La force de pouvoir te quitter. »

La jeune fille demeura immobile.

Très loin, sur la mer, au delà du rayon de lune, le navire n'était plus visible à l'œil nu.

La voix parla doucement : « Es-tu contente ? »

Elle dit : « Je le suis. »

A ses pieds les vagues venaient se briser sans bruit en longues rides sur la plage.

Il me sembla....

I

L ME sembla que j'étais au ciel devant le trône de Dieu, et que Dieu me demandait pourquoi j'étais venue.

Je lui dis : « Je suis venue pour accuser mon frère l'homme. »

Dieu demanda : « Qu'a-t-il donc fait ? »

Je répondis : « Il a pris ma sœur la femme, il l'a battue, il l'a blessée, il l'a jetée dehors dans la rue, où elle gît à présent, prostrée; ses mains à lui sont rouges de sang. Je suis ici pour l'accuser, afin que le royaume des cieux lui soit ôté, car il n'en est plus digne, et qu'il me soit donné à moi. Mes mains sont pures. »

Je les montrai.

Dieu dit : « Tes mains sont pures. Relève ta robe. »

Je la relevai ; mes pieds étaient rouges, sanglants, comme si j'avais marché dans du vin.

Dieu demanda : « Comment cela se fait-il ? »

Je répondis : « Cher Seigneur, les rues de la terre sont pleines de fange ; si je marchais droit mon chemin, ma robe de dessus pourrait être tachée ; vois comme elle est blanche. Mais aussi je choisis ma route. »

Dieu dit : « Comment la choisis-tu ? »

Je demeurai silencieuse et laissai retomber ma robe. Je couvris ma tête de mon manteau et je sortis tout doucement. J'avais peur que les anges ne me vissent.

11

E ME trouvai une fois encore devant la porte du ciel, mais cette fois nous étions deux. Nous nous serrions l'un contre l'autre; elle et moi nous étions si lasses! Nous regardions la haute grille; les anges l'ouvrirent et nous entrâmes. La fange souillait nos vêtements. Nous marchâmes sur les dalles de marbre jusqu'au trône de Dieu. Alors les anges nous séparèrent. Ils nous firent asseoir ma compagne sur la marche la plus élevée, moi sur la plus basse, car, disaient-ils : « la dernière

O · CARLOS SCHWAB

fois que cette femme est venue, les empreintes de ses pas tachèrent le marbre de rouge. Nous dûmes le laver avec nos larmes. Ne la laissons pas monter. » Alors celle avec qui j'étais venue se retourna vers moi et me tendit les bras; j'allai m'asseoir à ses côtés. Et les anges, les êtres de clarté qui n'ont jamais ni péché ni souffert, passaient auprès de nous, allaient et venaient, montaient et descendaient; je crois que si nous n'avions pas été ensemble, nous nous serions senties perdues, au milieu d'eux : ils étaient si brillants, les anges!

Dieu me demanda pourquoi j'étais venue; je tirai ma sœur un peu en avant de façon à ce qu'il pût la voir.

Dieu dit : « Comment se fait-il qu'aujourd'hui vous soyez ensemble ? »

Je répondis : « Ma sœur gisait à terre dans la rue; les passants la foulaient aux pieds; je m'étendis près d'elle, elle mit ses bras autour de mon cou et je la relevai. »

Dieu demanda : « Qui venez-vous, à présent, accuser devant moi? »

Je repris : « Nous ne sommes venues accuser aucun homme. »

Dieu se pencha vers nous : « Mes enfants, que voulez-vous ? »

Ma compagne me prit la main afin que je répondisse aussi pour elle.

E DIS : « Nous sommes venues te demander de parler à l'homme notre frère et de nous donner un message pour lui en sorte qu'il comprenne et qu'il sache.... »

Dieu dit : « Allez et portez-lui le message! »

Je demandai : « Mais ce message, quel est-il? »

Dieu répondit : « Il est écrit dans vos cœurs, portez-le-lui. »

Alors nous nous en retournâmes, les anges nous accompagnèrent jusqu'à la porte. Ils nous regardaient et l'un d'eux dit : « Combien leurs robes sont belles! »

Un autre ajouta : « Quand elles entrèrent il me sembla que leurs vêtements étaient couverts de fange, mais vois, ils sont d'or ! »

Un troisième murmura : « Chut ! c'est la lumière qui rayonne de leurs fronts ! »

Et nous descendîmes vers l'homme.

Les Rayons du Soleil se jouaient

sur mon lit

NE nuit j'étais étendue sur mon lit, dans les ténèbres. J'entendais sur les pavés les pas lourds des sergents de ville ; le roulement des voitures, comme elles s'en revenaient des divers lieux de plaisir ; j'entendis le rire d'une femme monter sous ma fenêtre, et puis je m'endormis. Et dans la nuit j'eus un rêve. Je rêvai que Dieu prenait mon âme et l'emportait en enfer.

L'enfer était un lieu charmant, avec un lac aux eaux bleues.

Je dis à Dieu: « J'aime ce pays ».

Dieu me répondit: « En vérité! l'aimes-tu? »

Les oiseaux chantaient, les pelouses vertes ombragées d'arbres allaient jus-qu'aux bords de la rivière. Au loin, à travers le feuillage, je vis de belles femmes qui se promenaient. Leurs vêtements aux teintes délicates, moulaient étroitement leurs corps; elles étaient grandes et gracieuses, avec des cheveux blonds. Leurs robes traînaient sur l'herbe. Elles passaient et repassaient sous les arbres, et au-dessus de leurs têtes se balançaient de beaux fruits, qui semblaient des poires d'or fondant.

Je dis: « Combien tout cela est beau! Je voudrais m'approcher et goûter un de ces fruits.... »

Dieu répondit: « Attends! »

Au bout d'un moment, je vis passer l'une de ces femmes si belles. Elle regarda de tous côtés, attira une branche à elle, et il me sembla que, doucement, elle déposait un baiser sur le fruit; puis elle continua son chemin, et tandis qu'elle marchait sur l'herbe, sa robe ne faisait aucun bruit. Comme elle s'éloignait, une autre émergea d'entre les arbres, aussi belle que la première, sa robe teintée délicatement; elle aussi regarda à gauche, à droite. Ne voyant personne, elle attira l'un des fruits à elle, l'examina, pour voir s'il ne portait point de marque, puis, doucement, l'approcha de ses lèvres et s'en alla. Je vis encore d'autres femmes venir sans bruit, puis s'éloigner doucement, au travers de l'herbe.

Je dis à Dieu: « Que font-elles? »

Dieu répondit: « Elles empoisonnent.

— Comment? » dis-je.

Dieu me répondit: « Elles portent le fruit à leur bouche; quand elles y ont fait une légère morsure avec leurs dents, elles l'imprègnent d'un venin qu'elles ont sous la langue; puis elles referment la blessure avec leurs lèvres pour que nul ne puisse en découvrir la place, et elles continuent leur chemin. »

Je demandai à Dieu: « Pourquoi font-elles cela? »

Dieu répondit: « Pour qu'un autre ne puisse pas en manger. »

Je dis à Dieu: « Mais si elles empoisonnent tous les fruits, personne n'osera s'en nourrir; qu'y gagneront-elles? »

Dieu répondit: « Rien. »

Je dis: « N'ont-elles pas peur de mordre elles-mêmes à l'un des fruits que l'une d'elles aurait mordu? »

Dieu répondit: « Oui, elles ont peur; mais en enfer tous ont peur. »

IEU m'entraîna plus loin.

L'eau du lac paraissait moins bleue.

A notre droite, parmi des arbres, des hommes travaillaient, et je dis à Dieu:

« Je voudrais aller travailler avec eux. L'enfer doit être un pays fertile: l'herbe y est si verte! »

Dieu dit: « Rien ne pousse dans le jardin qu'ils font. »

Nous restâmes à regarder: je vis ceux qui travaillaient creuser des trous au milieu des broussailles. Mais ils n'y mettaient rien; et après les avoir recouverts de branchages et de terre, ils s'en allèrent à quelque distance et s'assirent derrière les buissons, l'œil au guet. Je remarquai qu'en s'éloignant, chacun posait attentivement ses pieds sur le sol, regardant bien où il marchait.

Je demandai à Dieu: « Que font-ils? »

Dieu répondit: « Ils creusent des pièges pour que leurs frères s'y prennent. »

Je dis à Dieu: « Pourquoi font-ils cela? »

Dieu répondit : « Parce que chaque homme s'imagine qu'il s'élèvera si son frère tombe. »

Je dis à Dieu : « Comment s'élèverait-il ? »

Dieu me répondit : « Il ne s'élèvera pas ! »

Et je vis les yeux des hommes luire derrière les buissons.

Je demandai à Dieu : « Ces hommes sont-ils sains d'esprit ? »

Dieu répondit : « Non, ils ne le sont pas ; aucun homme n'est sain d'esprit en enfer. »

Et il m'emmena encore plus loin. Et je ne posais le pied sur le sol qu'avec précaution.

ous arrivâmes en un lieu où l'enfer s'étendait en une vaste plaine au milieu de laquelle était une grande maison.

Des piliers de marbre en supportaient le toit, des marches, également de marbre, conduisaient jusqu'au seuil. Le vent du ciel soufflait au travers. Mais derrière les colonnes était un épais rideau. De beaux convives, hommes et femmes, festoyaient à de longues tables, d'autres dansaient ; je voyais les robes des femmes flotter dans l'air et j'entendais rire les hommes. Ce qu'ils buvaient était du vin ; ils le tiraient de grandes cuves placées un peu en arrière, et je vis le vin scintiller tandis qu'il coulait.

Je dis à Dieu : « Je voudrais aller et boire. » Et Dieu me dit : « Attends. »

LORS, je vis des hommes entrer dans la salle du festin. Ils s'y glissaient furtivement, ayant soulevé d'un geste rapide l'un des coins de l'épais rideau qui retombait derrière eux. Ils tenaient de grandes amphores qu'ils avaient peine à porter. Alors, tous, hommes et femmes, s'attroupèrent autour d'eux. Les nouveaux venus penchèrent leurs jarres et versèrent le vin à boire; je remarquai que les femmes buvaient encore plus avidement que les hommes.

Quand tous se furent désaltérés, eux-mêmes prirent place à table, ayant mis leurs jarres auprès des autres le long du mur. Je remarquai que quelques-unes étaient très vieilles, couvertes de moisissure et de poussière, tandis que d'autres portaient encore quelques gouttes de moût fermenté et le vernis de la fournaise.

Je demandai à Dieu : « Qu'est-ce que cela? » Car au milieu des chansons, des danses et des rires, j'avais entendu un cri.

Dieu me dit : « Viens plus loin. » Et il m'emmena à l'endroit où l'on pouvait voir des deux côtés du rideau.

Derrière la maison était le pressoir où l'on faisait le vin. Je vis les grappes qu'on écrasait; elles criaient.

Je demandai : « Ceux qui sont de l'autre côté n'entendent-ils pas ces cris? »

Dieu répondit : « Le rideau est épais et ils festoient. »

Je dis : « Mais les hommes qui entrèrent les derniers, ceux qui ont vu. »

Dieu répondit : « Ils laissent retomber le rideau sur eux et ils oublient.

— D'où ont-ils eu leurs jarres de vin? » demandai-je.

Dieu dit : « Pendant que l'on pressurait, ce sont eux qui, les premiers, atteignirent le haut de la cuve ; ils grimpèrent jusqu'au bord, remplirent ainsi leurs amphores, puis entrèrent dans la maison. »

Je dis : « Et s'ils étaient tombés, tandis qu'ils grimpaient...? »

Dieu répondit : « Eux-mêmes eussent été changés en vin. »

Je reculai dans le soleil, regardant toujours et je frissonnai.

Dieu aussi était étendu dans le soleil et regardait.

LORS l'un de ceux qui festoyaient se leva et dit : « Mes frères, prions ! »

Tous l'imitèrent : les hommes robustes courbèrent la tête, les mères croisèrent les petites mains de leurs enfants, et dirigèrent leurs regards vers le plafond.

Et celui qui s'était levé vint au haut bout de la table, il étendit les deux bras ; sa barbe était longue et blanche ; ses manches et sa barbe avaient trempé dans le vin ; et comme ses manches étaient amples, elles contenaient beaucoup de vin qui se répandait à terre.

Il s'écria : « Mes frères et mes sœurs, prions. »

Tous, hommes et femmes, répondirent : « Prions ! »

Il dit : « Pour ce festin, nous te remercions, Seigneur. »

Tous répétèrent après lui :

« Nous te remercions, Seigneur.

— Ceci est ta maison, Seigneur.

— Ceci est ta maison.

— Tu l'as bâtie pour nous.

— Pour nous.

— Remplis nos jarres de vin, Seigneur.

— Nos jarres de vin.

— Donne la paix et l'abondance en notre temps, cher Seigneur.

— Donne-nous la paix et l'abondance. »

Je demandai à Dieu : « A qui parlent-ils ? »

Dieu répondit : « En vérité comment saurais-je à qui ils parlent ! »

Je vis alors que leurs yeux à tous étaient tournés vers le plafond.... Cependant, au dehors et dans le soleil, Dieu reposait.

« Cher Seigneur !

O·CARLOS SCHWAB

— Cher Seigneur !!

— Les enfants de nos enfants se lèveront et te béniront.

— Les enfants de nos enfants, Seigneur. »

E DIS à Dieu : « Les grappes de raisins crient ! » Dieu dit : « Taistoi, je les entends ! »

« Te béniront.

— Te béniront.

— Donne-nous encore plus de vin, Seigneur.

— Plus de vin.

— Encore plus de vin !

— Encore plus de vin !

— Du vin !

— Du vin !

— Du vin !

— Seigneur ! »

Puis, tous, hommes et femmes se rassirent et le festin continua. Les mères se versaient du vin et en nourrissaient leurs petits enfants ; les hommes portaient la coupe jusqu'aux lèvres des femmes et criaient : « Bois, ma bien-aimée. » Les femmes remplissaient les flacons de leurs amants. — Et le festin continuait.

u bout d'un temps, je remarquai que le rideau derrière la maison bougeait.

Je demandai à Dieu : « Est-ce le vent ? »

Dieu répondit : « Oui, un vent ».

Et il me sembla voir des formes humaines s'appuyer contre le rideau. A ce moment les convives virent le rideau bouger : ils chuchotèrent l'un à l'autre. Alors quelques-uns d'entre eux se levèrent, prirent les coupes les plus ébréchées et y versèrent ce qui restait au fond des autres.

Les mères murmuraient à leurs enfants : « Ne buvez pas tout ; laissez une petite goutte au fond de votre verre. »

Quand ils eurent mis toute la lie au fond des coupes, ils les glissèrent sous le rideau sans le soulever. Au bout d'un moment, le rideau cessa de bouger.

Je demandai à Dieu : « Pourquoi le rideau ne bouge-t-il plus ? »

Il répondit : « Ils sont partis pour boire ce qui leur fut donné. »

Je dis : « Comment peuvent-ils boire, eux, leur vin ? »

Dieu dit : « Il leur est venu de ce côté-ci du rideau et ils ont soif. »

LORS le festin recommença et, au bout d'un temps, je vis une petite main toute blanche qui passait sous le rideau et qui tâchait d'atteindre une des jarres de vin.

Je dis à Dieu : « Pourquoi cette main est-elle si blanche et si exsangue ? »

Dieu répondit : « C'est une des mains qui sort du pressoir à vin. »

Quand les hommes aperçurent cette petite main blanche, ils bondirent sur leurs pieds ; les femmes coururent aux grandes amphores, les enveloppant de leurs bras, enroulant leurs cheveux autour et criant : « Ceci est à nous, à nous. »

Je dis à Dieu : « Comment ont-ils peur de cette seule petite main ? »

Dieu répondit : « Parce qu'elle est si blanche. »

Les hommes en troupe coururent au rideau, les poings levés ; je les entendis frapper contre le sol. Quand ils s'écartèrent, le rideau était de nouveau immobile ; et il y avait une tache de sang sur les dalles.

Je demandai à Dieu : « Pourquoi ne lavent-ils pas cette tache ? »

Dieu répondit : « Ils ne peuvent le faire. »

Les convives prirent de petites pierres et les mirent au bas du rideau pour tenir celui-ci baissé. Puis, ils se rassirent devant leur table.

Je demandai à Dieu : « Les pierres suffiront-elles pour tenir le rideau ? »

Dieu répondit : « Qu'en penses-tu ? »

Je dis : « Si le vent soufflait ! »

Dieu dit : « Oui, si le vent soufflait ?... »

Et le festin continua.

OUDAIN, je criai à Dieu : « Si l'un des convives se levait, s'il s'éloignait de la table, jetait sa coupe au loin et disait : « Mes frères, « mes sœurs, arrêtez. Que faisons-nous ? » Si, de son épée, il coupait le rideau en deux. Si, écartant les lambeaux, il disait : « Mes frères, mes sœurs, voyez ! Ce n'est pas du vin, pas du « vin ! Mes amis, voyez, voyez !... » S'il renversait le pressoir.... »

IEU dit : « Tais-toi. Regarde. »

Je regardai : Devant la maison du festin, sur l'herbe, je vis des monticules en lignes, couverts de fleurs et de marbre doré.

Je demandai à Dieu ce que c'était :

Il répondit : « Ce sont les tombes de ceux qui se levèrent du festin et crièrent. »

Je demandai à Dieu comment elles se trouvaient là.

Il dit : « Ceux de la salle de fête les ont frappés, ils ont jeté leurs corps au loin. »

Je demandai : « Qui les enterra ? »

Dieu dit : « Les hommes qui les frappèrent. »

Je dis : « Comment cela se fait-il qu'après les avoir tués, ils aient élevé sur eux ces marbres ? »

Dieu dit : « Leurs os criaient. Ils les ont recouverts parmi l'herbe et l'ivraie. »

Un corps non enterré demeurait, gisant : je demandai à Dieu pourquoi il était là.

Dieu dit : « C'est hier seulement qu'il a été jeté dehors. Dans quelques jours, quand la chair se sera détachée des os, ils les enterreront aussi et ils planteront des fleurs sur sa tombe. »

E FESTIN continuait toujours. Les hommes et les femmes étaient assis à la table, buvant à longs traits. Quelques-uns se levèrent, enlacés ; ils chantaient, ils dansaient et ils s'embrassaient leurs lèvres rouges de vin.

L'orgie augmentait toujours.

Les hommes, après s'être gorgés de boisson, lançaient au plafond ce qui restait de vin au fond de leurs verres, et le liquide rouge retombait en cascades. Les femmes teignaient de vin les robes de leurs enfants et les en abreuvaient jusqu'à ce que leur petite bouche devînt toute rouge. Quelquefois en tournant, les danseurs renversaient une amphore et le contenu se répandait sur leurs vêtements. Des enfants étaient par terre avec de grands bols de vin. Ils y faisaient

O·CARLOS SCHWAB

flotter, en guise de bateaux, des feuilles de roses. Ils trempaient leurs mains dans le vin et y soufflaient de grandes bulles rouges.

'ORGIE augmentait toujours, la danse devenait plus sauvage, les chants plus assourdissants. Mais de ci et de là quelques convives ne prenaient plus part à la fête. Çà et là, je vis un homme assis, les coudes sur la table, ses mains abritant ses yeux, il regardait les coupes de vin, mais ne buvait pas. Quand d'autres, lui frappant l'épaule, venaient le chercher pour danser ou pour chanter, il tressaillait, mais ne bougeait pas et restait ainsi à regarder le vin dans les coupes.

Ici et là, je vis aussi une femme se tenir à l'écart ; les autres dansaient, chantaient, donnaient à boire à leurs enfants ; elle, restait silencieuse, la tête un peu penchée, comme si elle écoutait. Ses petits enfants la tiraient par sa robe ; mais elle ne les voyait pas ; elle restait à écouter quelque chose sans bouger.

Toujours plus, l'orgie augmentait.

Les hommes, las de vider leur coupe, laissaient retomber leur tête sur la table et s'endormaient. Les femmes, fatiguées de danser, se renversaient en arrière, la tête sur l'épaule de leurs amants.

Les petits enfants, écœurés d'avoir bu tant de vin, se serraient contre la robe de leurs mères. Quelquefois, sans savoir pourquoi, un homme se levait, titubant, renversait les tables et les chaises ; d'autres, appuyés aux balustrades, se sentaient malades à mourir ; l'un d'eux, parfois trébuchant, s'en allait jusqu'aux grandes cuves et s'étendait à côté. Il ouvrait la bonde, mais le sommeil à ce moment le terrassait, et tandis qu'il restait couché là, le vin se répandait sur les dalles.

 ENTEMENT, le mince ruisseau rouge courut sur la terrasse de marbre; il arriva aux marches de pierre; doucement, tout doucement, de degré en degré, il les descendit goutte à goutte, puis il s'enfonça sous terre et une légère buée blanche s'éleva à cette place.

Je demeurais silencieuse; j'avais peine à respirer, mais Dieu m'appela plus loin.

 T, après avoir marché quelque temps, j'arrivai en un lieu où, sur sept collines, s'élevaient les ruines d'une maison de fête plus grande et plus puissante que celle que je venais de voir.

Je dis à Dieu : « Que faisaient les hommes qui bâtirent cette demeure? »

Dieu répondit : « Ils festoyèrent. »

Je demandai : « Avec quoi? »

Dieu répondit : « Avec du vin. »

Je regardai et il me sembla que, derrière les ruines, il y avait encore dans la terre un large trou circulaire, là où avait été le pressoir.

Je dis à Dieu : « Comment cette maison puissante est-elle tombée? »

Dieu répondit : « C'est parce que la terre était détrempée. »

Il m'emmena plus loin. A la fin, nous arrivâmes sur une colline où des eaux bleues se jouaient, où, sur le sol, reposaient des blocs de marbre blanc. Je demandai à Dieu ce qu'il y avait eu là auparavant.

Dieu répondit : « Une maison de liesse. »

Je regardai et à mes pieds, je vis de grands piliers étendus. Dans ma joie, je criai à Dieu : « Regarde, des fleurs de marbre! »

Dieu dit : « En vérité, c'était une maison enchantée. Il n'y en a jamais eu de semblable et il n'y en aura jamais plus. Les portiques et les piliers fleurissaient ; les coupes de vin étaient semblables à des fleurs fraîchement coupées ; de ce côté-ci, le rideau était orné de beaux dessins brodés avec un fil d'or. »

Je dis à Dieu : « Comment est-elle tombée ? »

Dieu dit : « Du côté du pressoir il faisait nuit. »

N continuant notre chemin, nous arrivâmes à un grand banc de sable, bordé par une sombre rivière. Deux monticules s'en élevaient. Je dis à Dieu : « Comme ils sont vastes. »

Dieu répondit : « Vastes, en effet. »

J'écoutai.

Dieu me demanda ce que j'écoutais ainsi.

Je dis : « Un bruit de pleurs, et j'entends un bruit de coups, mais je ne saurais dire d'où ils viennent. »

Dieu dit : « C'est l'écho du pressoir qui se prolonge encore sur les moellons de la montagne. Une maison de fête était ici. »

Et Dieu m'emmena plus loin.

Sur le sol aride, au flanc d'une colline, il me fit signe de m'arrêter. Je regardai autour de moi.

Dieu me dit : « Ici était autrefois une maison de liesse. »

Je dis à Dieu : « Je n'en vois aucune trace. »

Dieu dit : « Il n'en demeure point une pierre qui n'ait été renversée. »

Je regardai autour de moi, et je vis au flanc de la colline une tombe solitaire.

Je demandai à Dieu : « Qui est là, couché ! »

Il me répondit : « Une grappe écrasée par le pressoir. »

A la tête de la tombe était une croix, à ses pieds une couronne d'épines.

Comme je m'en allais, je me retournai encore une fois. Le pressoir et la maison de fête avaient disparu, mais la tombe était toujours là.

Et, quand j'arrivai sur le bord d'une haute berge, je vis devant moi une vaste plaine de sable ; en me penchant, je vis de grosses pierres dispersées ; elles gisaient à demi couvertes par le sable du désert.

Je dis à Dieu : « Il y a des signes gravés sur ces pierres, mais je ne puis les déchiffrer. »

Dieu souffla sur le sable qui recouvrait ces pierres et je pus lire ce qui était écrit :

« Pesé dans la balance et trouvé.... » le dernier mot manquait

Je demandai à Dieu : « Était-ce une maison de fête? »

Dieu répondit : « En vérité, c'en était une. »

Je demandai : « Y avait-il ici un pressoir? »

Dieu répondit : « Oui, un pressoir. »

E ne posai point d'autre question ; j'étais très lasse ; j'abritai mes yeux de ma main et je regardai la lumière rose du couchant.

Très loin sur le sable, je vis deux êtres, les ailes largement ouvertes au-dessus de leurs têtes, la figure impassible, ni homme, ni bête ; ils fixaient au loin le désert et semblaient attendre, attendre. Je ne demandai pas à Dieu qui ils étaient, d'avance je savais ce que serait sa réponse. Dans la lumière du soir, de mes yeux abrités, je scrutais l'horizon.

Très loin, là où le sable était le plus épais, je vis un pilier solitaire : le chapiteau avait été brisé et le sable le recouvrait. Sur la colonne mutilée, les

O·CARLOS SCHWAB

ailes repliées, se tenait un hibou gris du désert et, dans le crépuscule, sa longue queue traînant sur le sable, je vis un renard se glisser auprès.

Plus loin, toujours plus loin, tandis que je regardais, je vis le sable s'amonceler comme s'il recouvrait quelque chose.

Je criai à Dieu : « Je suis si lasse ! »

Dieu me dit : « Tu n'as vu que la moitié de l'Enfer. »

Je dis : « Je ne puis en voir plus. J'ai peur de l'Enfer, je n'ose avancer dans mon étroit chemin de crainte de me prendre dans un piège qu'un autre y aurait mis pour moi; si je cueille un fruit, je le rejette de peur qu'il n'ait été mordu. Si je regarde la plaine, toutes les ondulations du sol y recouvrent des tombes; si je passe au milieu des pierres, je les entends crier; quand je vois les hommes danser, j'entends la mesure battue par des sanglots; leur vin est vivant. Oh! Dieu, je ne puis vivre en Enfer! »

Dieu demanda : « Où veux-tu aller? »

Je dis : « Vers la terre d'où je suis venue, j'étais mieux là. »

Dieu rit de m'entendre et je me demandai pourquoi il riait.

Dieu me dit : « Viens, et je te montrerai le Ciel. »

. . . .

. . . .

E m'éveillai à moitié. Tout était silencieux et il faisait nuit; le roulement des voitures dans la nuit avait cessé; la femme qui riait était partie; on n'entendait plus le pas lourd du sergent de ville. Il me semblait qu'une main se posait sur mon cœur et l'écrasait; j'essayai de respirer, je me retournai sur mon lit; enfin, je me rendormis, et de nouveau je rêvai.

ieu m'emmena jusqu'à la borne du monde, là où il finissait. Je regardai au-dessous de moi. Il me sembla que l'abîme à mes pieds était insondable; puis je vis deux ponts qui le traversaient, tous deux montaient en pente douce.

Je demandai à Dieu : «N'y a-t-il pas d'autre pont que les hommes puissent prendre? »

Dieu répondit : « Il y en a un; il est loin d'ici et monte tout droit. »

Je demandai à Dieu : « Quel est le nom de ces ponts? »

Dieu me dit : « Que t'importe leurs noms? Appelle-les le Bien, le Vrai, le Beau, si cela te plaît. Tu ne les comprendras cependant point. »

Je demandai à Dieu comment il se faisait que je ne puisse voir le troisième pont.

Dieu répondit : « Ceux-là seuls qui le gravissent peuvent le voir. »

Je demandai : « Tous ces ponts mènent-ils à un même ciel? »

Dieu dit : « Le ciel est un; cependant certaines parties sont plus hautes que d'autres; ceux qui atteignent la partie la plus élevée peuvent toujours venir se reposer dans la sphère la plus basse; mais ceux qui y sont n'ont pas la force de monter plus haut; cependant la lumière est une. »

Je vis sur le pont le plus proche qui était plus large que l'autre, des marques innombrables de pas. Je demandai à Dieu pourquoi ceux qui prenaient cette route étaient si nombreux.

Dieu répondit : « Parce que ce pont est moins incliné et mène au premier paradis. »

Je vis que certaines des traces que j'avais remarquées étaient des pas revenant en arrière; j'en demandai la raison à Dieu.

Il répondit : « Une fois entré au paradis, aucun homme ne le quitte plus; mais certains, après avoir fait la moitié du chemin, retournent de peur de ne rien trouver au delà. »

Je demandai : « Y en a-t-il qui sont revenus du Ciel? »

Dieu dit : « Non, une fois entré au Ciel, on y est pour jamais. »

Dieu me fit traverser le pont. Quand nous arrivâmes à une des portes (car le Ciel a plusieurs portes et elles sont toutes ouvertes) les piliers de chaque côté s'élevèrent à une telle hauteur que je n'en pouvais voir le sommet, ni s'ils en avaient. Et il me sembla que cette porte était si vaste que l'Enfer aurait pu y passer tout entier.

Je demandai à Dieu : « Lequel est le plus vaste, de l'Enfer ou du Ciel? »

Dieu dit : « L'Enfer est aussi large, mais le Ciel est plus profond. Tout l'Enfer pourrait être englouti par le Ciel, mais le Ciel ne pourrait pas être englouti par l'Enfer. »

ous entrâmes dans un grand pays silencieux. Les montagnes s'élevaient de droite et de gauche et la lumière était transparente; je vis qu'elle provenait des rochers et des pierres. Je demandai à Dieu pourquoi, mais il ne me répondit pas. Je regardai et m'étonnai : j'avais cru le Ciel tout autre. Au bout d'un moment, il commença à faire plus clair comme si le jour allait se lever; je demandai à Dieu si nous allions voir le soleil. Dieu me répondit : « Non, nous allons arriver là où sont les âmes. »

Et, comme nous avancions, il faisait de plus en plus clair et de plus en plus chaud; sur les rochers, les fleurs s'épanouissaient; les arbres étaient tout fleuris le long des routes; des ruisseaux coulaient en tout sens et les oiseaux chantaient. Je demandai à Dieu où étaient les âmes.

Dieu dit : « Ce sont elles qui s'appellent mutuellement. »

Nous nous approchâmes et je les vis qui marchaient en répandant autour d'elles une très vive lumière. Je demandai à Dieu pourquoi elles ne portaient aucun vêtement.

Dieu me répondit : « Leur corps projette de la lumière; aussi n'osent-elles pas le recouvrir. »

Je demandai à Dieu ce qu'elles faisaient.

Dieu dit : « Elles brillent sur les plantes afin de les faire pousser. »

Je remarquai que certaines travaillaient ensemble, d'autres étaient seules, mais la plupart étaient à deux; quelquefois deux hommes, quelquefois deux femmes, mais le plus souvent un homme et une femme. J'en demandai à Dieu la raison.

Dieu me répondit : « Quand la lumière d'un homme et celle d'une femme brillent côte à côte, elle est la plus pure et la plus parfaite. La plupart des plantes ont besoin de cette double lumière pour s'épanouir. Cependant il y a bien des genres de plantes au Ciel et elles ont besoin de plusieurs espèces de lumière. »

 NE des âmes vint à moi en courant, et comme elle s'approchait, il me sembla que je la reconnaissais pour avoir joué avec elle lorsque nous étions enfants; je crus aussi me rappeler qu'elle était née le même jour que moi. Je dis à Dieu ce que je pensais.

Dieu me dit : « Tous ont cette même impression au Ciel quand une âme vient vers eux. »

Celui qui avait couru à moi me prit la main et me conduisit dans la brillante lumière. Quand nous arrivâmes au milieu des autres, il chanta et une voix lui répondit : c'était celle d'une femme. Il me montra à elle et elle dit : « Il faut lui donner de l'eau. » Elle en prit dans le creux de sa main et m'en donna (j'aurais eu peur de boire l'eau de l'Enfer). Ils cueillirent des fruits et me les apportèrent.

O - CARLOS SCHWAB

Ils dirent : Nous avons brillé longtemps pour les faire mûrir. » Et ils riaient en me regardant manger.

'HOMME dit : « Cette âme est fatiguée, il faut qu'elle se repose » (car je n'avais pas osé dormir en Enfer). Il mit ma tête sur les genoux de sa compagne et étendit ses cheveux sur moi. Je m'endormis, et pendant mon sommeil, je crus entendre les oiseaux s'appeler au-dessus de ma tête. Quand je me réveillai, tout était tranquille comme au matin et la rosée était sur toute chose. L'homme me prit par la main et me conduisit dans un endroit solitaire au milieu des rochers. La terre y était très dure, mais de petites plantes la perçaient et un petit ruisseau y coulait.

Mon guide me dit : « Ceci est un jardin que nous faisons; personne que nous ne le connaît; nous venons y briller chaque jour; vois, la terre s'est craquelée sous nos rayons et un petit ruisseau a paru. Mais les fleurs commencent à pousser. »

Il grimpa sur les rochers, cueillit deux petites fleurs couvertes de rosée et me les donna.

J'en pris une dans chaque main: elles brillaient tandis que je les tenais. Celui qui me les avait données me dit : « Quand ce jardin sera terminé, il sera pour nous. » Il retourna auprès de sa compagne et je repris la grande route. Comme je marchais dans la lumière, j'entendis des chants. En m'approchant, je vis une âme. Elle chantait les yeux fermés et ses compagnes l'entouraient; la lumière qui provenait de ces yeux fermés était plus brillante que toutes celles que j'avais vues auparavant. Je demandai à l'un de ceux qui étaient là comment cela se faisait, il me répondit : « Chut! c'est notre oiseau chanteur. » Je demandai pourquoi ses yeux brillaient ainsi. Celui que j'interrogeais répondit : « Ils ne peuvent pas voir et nous les avons baisés jusqu'à ce qu'ils brillent ainsi. » Les âmes l'entourèrent de plus près.

En avançant toujours, je vis des âmes en foule qui passaient avec des rires, sous les arbres de lumière.

E plus près, je remarquai qu'elles portaient un de leurs frères qui n'avait plus ni bras, ni jambes. Une vive lumière baignait ces membres mutilés, si vive que je ne pouvais pas la fixer. Je demandai à l'une des âmes ce que c'était. Elle me répondit : « L'un de nos frères qui, un jour, en tombant, perdit ses mains et ses pieds; depuis ce temps, il est infirme; mais nous avons touché si souvent ses membres mutilés qu'à présent ils brillent plus que toute autre chose au Ciel. Nous le promenons pour qu'il puisse répandre sa lumière sur tout ce qui a besoin de chaleur. Aucun de nous n'a le droit de le garder longtemps; il appartient à tous. » Et ils continuèrent leur chemin parmi les arbres.

Je dis à Dieu : « Ceci est un étrange pays. Je croyais que c'était une grande calamité que d'être aveugle ou infirme. Mais ici les âmes en font une cause de réjouissance. »

Dieu dit : « Croyais-tu que l'Amour avait besoin d'yeux et de bras? »

Je descendis le long de la route lumineuse entre deux rangées de palmes.

Je dis à Dieu : « Depuis que j'étais un petit enfant, assise seule et pleurant, j'ai rêvé de ce pays; à présent, je ne veux plus le quitter, je veux rester ici et briller. »

Je commençai à enlever mes vêtements de façon à ce que la lumière de mon corps puisse rayonner; mais mon corps ne donnait aucune lumière. Je demandai à Dieu comment cela se faisait.

Dieu répondit : « Ne demeure-t-il pas un peu de sang noir dans ton cœur; ne ressent-il aucune amertume contre ton prochain? »

Je répondis : « Si ». Et je pensai : « Voici le moment venu de dire à Dieu ce que j'ai été, et comment mes frères m'ont maltraitée, m'ont mal comprise; combien j'ai désiré être magnanime envers eux et .... » Je commençai à le dire à Dieu; mais dès que je parlai les fleurs autour de moi se fanaient sous mon haleine; je redevins silencieuse.

ıeu m'appela pour monter plus haut. Je serrai mon manteau sur moi et je le suivis.

Les rochers devinrent de plus en plus hauts et plus abrupts; enfin, nous arrivâmes à une grande montagne dont le sommet était perdu dans les nuages. Je vis sur ses pentes des hommes qui travaillaient; ils creusaient la terre avec de lourdes pioches. Certains étaient groupés, d'autres seuls. Je vis des gouttes de sueur tomber de leur front et les muscles de leurs bras tendre sous l'effort.

Je dis : « Je ne croyais pas qu'au Ciel on travaillait ainsi. »

Je songeai au jardin où tous chantaient et aimaient et je me demandai pourquoi certains préféraient peiner au flanc de cette montagne aride. Je vis sur le front des travailleurs une lumière et les gouttes de sueur qui tombaient à terre étaient lumineuses elles aussi.

Je demandai à Dieu ce qu'ils cherchaient. Dieu toucha mes yeux, et je vis que c'était de petites pierres qui étaient trop brillantes pour que je pusse les voir auparavant; je remarquai que la lumière qui émanait de ces petites pierres était la même que celle que j'avais vue sur le front des travailleurs. A mesure que l'un d'eux trouvait une pierre, il la donnait à un autre qui la passait à un troisième.

Aucun des hommes ne gardait pour lui la pierre qu'il avait trouvée. De temps à autre, ils se réunissaient en foule quand un gros bloc brillant avait été trouvé et poussaient un grand cri dont la voûte céleste résonnait; puis ils continuaient leur travail.

Je demandai à Dieu ce qu'ils faisaient des pierres. Alors Dieu me toucha les yeux à nouveau pour les rendre plus forts; je regardai et je vis à mes pieds une puissante couronne.

La lumière en irradiait.

Dieu dit : « Chaque pierre, à mesure qu'elle est trouvée, est sertie là. »

Or, la couronne était ciselée selon un merveilleux dessin; un motif unique l'ornait, mais chaque partie en était différente.

Je demandai à Dieu : « Comment chaque ouvrier sait-il où placer sa pierre pour que le dessin se continue toujours semblable? »

Dieu dit : « Parce que la lumière émanée de son front lui montre en vision vague, la couronne achevée. »

Je dis : « Mais comment est-il possible que chaque pierre soit scellée à sa voisine, sans qu'on puisse en voir le raccord ? »

Dieu répondit : « Les pierres sont vivantes; elles croissent. »

Je demandai : « Mais, les hommes, que gagnent-ils par leur travail? »

Dieu répondit : « Ils voient leur vision s'accomplir. »

Je dis : « Mais les pierres ajoutées les dernières recouvrent celles mises en premier et ainsi de suite. »

Dieu répondit : « Elles sont recouvertes, mais non cachées. La lumière est la lumière de toutes, sans la première, la dernière ne pourrait exister. »

Je demandai à Dieu quand cette couronne serait achevée. Dieu me dit : « Regarde en haut. » Je regardai et je vis la montagne dressée devant moi, mais je ne pouvais en apercevoir la cime qui était perdue dans les nuages.

O-CARLOS SCHWAB

IEU se tut.

Je regardai la montagne, et un ardent désir me prit. Comme la nostalgie d'une mère pour l'enfant que la mort lui a enlevé; comme l'élan de tendresse pour un ami que la vie a englouti; comme l'aspiration à l'existence des yeux qui vont se fermer à tout jamais; comme la soif d'une âme pour l'amour frais éclos à son printemps, ainsi, mais plus ardent encore, était en moi mon désir.

E criai à Dieu : « Moi aussi, je veux travailler ici; moi aussi, je veux sertir de pierres le merveilleux joyau; elles croîtront sous ma main. Et si, après avoir travaillé ici des années, je ne trouve pas même un caillou, au moins serai-je avec ceux qui peinent.

J'entendrai leurs cris de joie à mesure qu'ils découvrent une pierre; je me joindrai à leur triomphe; je me réjouirai avec eux; je verrai grandir la couronne. » Mon désir était si intense que je crus voir un faible rayon émaner aussi de mon front.

Dieu dit : « N'entends-tu pas les chants dans les jardins? »

Je dis : « Non, je n'entends rien, je ne vois que la couronne. » J'étais muette d'ardent désir; j'oubliais les fleurs et les chants du Ciel inférieur. Je courus en avant, je jetai mon manteau à terre et je me baissai pour prendre l'un des lourds instruments qui gisaient à mes pieds. Je ne pus le soulever.

Dieu me demanda : « Où as-tu acquis la force qu'il te faudrait pour le manier? Prends ton manteau. »

Je le pris et je suivis Dieu; cependant je me retournai et je vis briller la couronne, ma couronne tant aimée!

Nous montions toujours plus haut et l'air devenait plus léger. Il n'y avait sur les rochers arides ni un arbre, ni une plante, et le silence y était complet. J'étais oppressée et le sang commençait à battre au bout de mes doigts. Je dis à Dieu : « Ceci est-il le ciel? »

Dieu répondit : « Oui, le plus haut. »

Nous montions toujours. Je dis à Dieu : « Je ne puis plus respirer. »

Dieu dit : « Parce que l'air est pur. »

 A tête tournait et, comme je m'élevais, le sang jaillit sous mes ongles. Nous arrivâmes à un faîte solitaire de la montagne. Rien n'y vivait ni ne bougeait; mais au delà, sur un sommet, j'aperçus une forme solitaire. Je n'aurais su dire si c'était un homme ou une femme, car son visage était celui d'une femme, mais ses membres étaient robustes comme ceux d'un homme. Je demandai à Dieu ce que cela signifiait.

Dieu répondit : « Dans le ciel inférieur, le sexe a un pouvoir suprême; plus haut, on ne le remarque pas; et dans le ciel supérieur, il n'existe plus. »

Je vis cet être se pencher en avant et travailler avec force, mais à quel labeur, je ne savais.

Je demandai à Dieu : « Comment est-il arrivé là? »

Dieu répondit : « Par un chemin sanglant. Pas à pas, il est monté depuis l'Enfer le plus bas et jour après jour, comme l'Enfer s'éloignait et que le Ciel se rapprochait, il vécut seul entre deux mondes. Heure par heure, pendant cette lutte amère, ses membres devinrent plus forts, jusqu'à ce que, lambeaux par lambeaux, il eût perdu les vêtements qu'il portait au départ. Des gouttes de sueur tombaient de ses yeux lassés et chaque trace de ses pas était rouge de sang. Il arriva là où tu le vois. »

 E songeai aux jardins où j'avais entendu les hommes chanter en se tenant par la main, aux pentes de la montagne où ils travaillaient ensemble. Je frissonnai.

Je dis : « N'est-il pas affreusement solitaire? »

Dieu répondit : « Il n'est jamais seul. »

Je demandai : « Où est le résultat de son travail? Je ne vois rien. »

Dieu toucha mes yeux, et je vis s'étendre devant nous les plaines du Ciel et celles de l'Enfer et tout ce qu'elles contenaient. Dieu dit : « De la cime élevée où il se tient, toutes choses lui sont révélées; il sait ce que signifie la lumière des jardins; il voit s'épanouir les fleurs, étinceler les eaux courantes; aucun cri ne s'élève des flancs de la montagne qu'il ne puisse l'entendre; il voit grandir la couronne et la lumière qui en émane. L'Enfer lui est révélé; il en voit les routes monter vers le Ciel. Pour lui, l'Enfer est la graine d'où fleurit le Paradis. Il sent monter la sève. »

Je le vis se pencher sur son travail; je vis la lumière de son front éclairer la terre. Je dis à Dieu : « Que fait-il? »

Dieu répondit : « Une harmonie céleste. »

Il toucha mes oreilles et j'entendis.

Au bout d'un moment, je murmurai à Dieu : « Ici est le vrai Paradis. »

Et Dieu me demanda pourquoi je pleurais; mais ma joie était telle que je ne pouvais répondre.

La face de celui qui travaillait solitaire se détourna de son ouvrage et la lumière qui en émanait m'aveugla; elle devint si intense que je ne pus voir distinctement les objets qui m'entouraient. Je ne pouvais pas distinguer le travailleur de Dieu ni de moi-même. Nous étions tous fondus dans un même rayon.

Je criai à Dieu : « Où es-tu? »

Mais il n'y eut point de réponse, rien que la musique et la lumière.

 UAND tout redevint sombre et que je pus voir à nouveau les choses qui m'entouraient, je m'aperçus que j'étais toujours debout à la même place, serrée dans mon manteau terrestre, mon vieux petit vêtement brun. Dieu et le travailleur étaient séparés l'un de l'autre ainsi que de moi.

Je n'osai pas demander à me joindre au musicien; je savais que je ne pouvais atteindre à ses genoux, ni jouer de son instrument; mais j'espérais rester là où j'étais et chanter tout doucement un accompagnement à cette musique céleste. J'essayai; mais ma voix manqua, elle détona et je me tus, je ne pouvais chanter ce rythme. Je demeurai silencieuse.

 LORS Dieu me montra du doigt la route pour sortir du Ciel.

Je criai à Dieu : « Laisse-moi rester ici! Je connais mon indignité, mais si vraiment je ne suis pas assez grande pour mêler ma voix à l'harmonie des cieux, ni assez forte pour travailler au flanc de la montagne, ni assez joyeuse pour briller et aimer dans les parterres fleuris; au moins laisse-moi descendre vers les grandes grilles du Paradis; humblement je m'y agenouillerai et j'en balayerai les marches; lorsque les élus entreront, je verrai la lumière sur leurs fronts; j'entendrai les chants des jardins et les cris joyeux sur les collines! »

Dieu dit : « Cela est impossible. »

De son doigt, il me montra la route.

Je m'écriai : « Si je ne puis rester au Ciel, laisse-moi descendre en Enfer; je prendrai par la main ceux qui y sont, et ensemble, lentement, nous soutenant l'un l'autre, nous travaillerons et monterons jusqu'ici. »

Dieu me montrait toujours la route.

19

Je me jetai sur le sol et je le suppliai : « La terre est si petite, si infime! Il n'est pas juste qu'une âme ait eu accès au Paradis et puis soit jetée dehors! »

Dieu posa sa main sur moi et me dit : « Retourne vers la terre; CE QUE TU CHERCHES EST LA. »

E me réveillai : il faisait jour. Le silence et les ténèbres de la nuit s'en étaient allés. A travers l'étroite fenêtre de ma chambre je vis la lumière d'une nouvelle journée. Je fermai les yeux et me retournai du côté du mur : je ne pouvais me résoudre à retrouver le monde gris et triste. Dans la rue, au-dessous de moi, des hommes et des femmes passaient par centaines; j'entendais le bruit de leurs pas sur la chaussée : hommes allant à leurs affaires, servantes au marché; garçons allant à l'école; professeurs las, reprenant lentement leurs courses journalières; prostituées et débauchés traînant la fatigue de leur dernière nuit; artistes au pas nerveux, impatient; commerçants allant prendre leurs ordres; enfants mendiant leur pain. J'entendais tous ces pas sous ma fenêtre. Au coin de la rue, un vieil orgue de barbarie tout cassé jouait; de temps en temps, le son tremblait, s'arrêtait presque, puis recommençait, comme une voix humaine brisée.

'ÉCOUTAI : mon cœur battait à peine; j'étais aussi glacée que du plomb. Je ne pouvais pas supporter la perspective de cette longue journée; j'essayai de me rendormir, mais j'entendais toujours les pas dans la rue au-dessous de moi. Subitement, je perçus dans leur rythme ce cri : « Nous cherchons! Nous cherchons! Nous cherchons! » Le pauvre orgue, au coin de la rue, sanglota : « La Beauté! La

Beauté ! » Et mon cœur qui semblait mort, à chaque pulsation, s'écria : « L'Amour ! la Vérité ! la Beauté ! »

C'était la même musique céleste que j'avais entendue au Ciel mais que je ne pouvais y chanter.

Je me réveillai.

Sur mon couvre-pied fané, le long de mon lit, un doux et pâle rayon du soleil de Londres se glissa ; il venait de mon étroite lucarne.

Je souris et je me levai.

J'étais heureuse de penser que la longue journée était encore devant moi.

Table des Matières

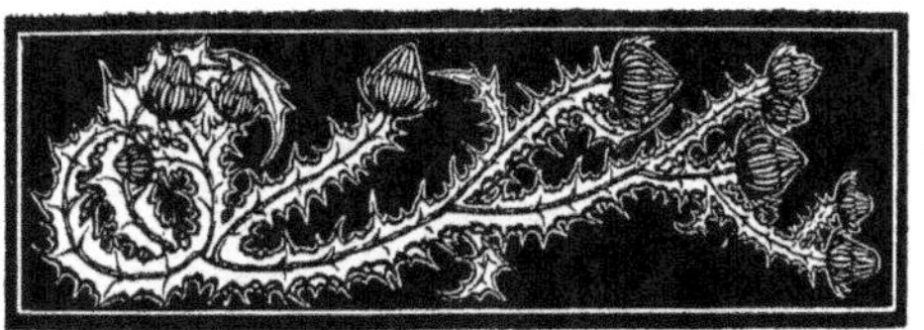

Ouvrage
Gravé et Imprimé
Par RICHER et Cie
Successeurs de Ch. Gillot
79, Rue Madame
PARIS
DÉCEMBRE 1912

www.ingramcontent.com/pod-product-compliance
Lightning Source LLC
LaVergne TN
LVHW020624200726
843508LV00002B/521